Fina Sanz Ramón

EL BUENTRATO
como proyecto de vida

editorial Kairós

© 2016 by Fina Sanz Ramón
© 2016 by Editorial Kairós, S.A.
Numancia 117-121, 08029 Barcelona, España
www.editorialkairos.com

Fotocomposición: Moelmo, S.C.P., Girona, 53. 08009 Barcelona
Diseño cubierta: Katrien Van Steen
Foto cubierta: Africa Studio
Fotografía de la autora: Eva Máñez
Impresión y encuadernación: Ulzama digital

Primera edición: Julio 2016
Cuarta edición: Febrero 2021
ISBN: 978-84-9988-525-4
Depósito legal: B-13.028-2016

Este libro ha sido impreso con papel certificado FSC, proviene de fuentes respetuosas con la sociedad y el medio ambiente y cuenta con los requisitos necesarios para ser considerado un «libro amigo de los bosques».

Sumario

PARTE IV. PROYECTOS DE AMOR

Agradecimientos

A todas las personas que han colaborado de una u otra forma en este libro aportando sugerencias, comentarios, testimonios, fotografías, o compartiendo proyectos de amor.

En especial, quiero darle las gracias a Paloma Andrés Domingo, Rosa Casado, María Isabel Martínez, Roxanna Pastor Fasquelle, Elena Fernández Ardisana y Leonor Cantera.

A los fotógrafos Olmo Calvo Rodríguez, cuyo trabajo solidario me parece admirable, y a Heinz Hebeisen por su entrega y disponibilidad. A Eva Máñez.

A Marigela Orvañanos, Teresa Sanz, Esther Casanova Padilla, Pilar Muguira Casanova, Ana Moreno, Anna Navarro, Rigoberto León, Alejandra Buggs Lomeli, Sergio Ramón, Marta Romero, Llusi Latorre, Teresa Segarra, Pilar Acevedo, Maribel Ríos, Francisco Madrid, Coté Velázquez y Javier Rodríguez por sus aportaciones, sus fotos o sus cuadros.

A Lluís Mayor. A Consue Ruiz-Jarabo, que me animó a escribir sobre estos temas y preparar un libro, hace muchos años. A Antonieta García, a Susana García Rams, a José Manuel Cuenca Molina, a Julián Sellarés y a Rubén Guzmán.

A las y los participantes de mis grupos, de másteres, expertas/os, y profesionales comunitarias/os cuyos trabajos superviso, de quienes siempre aprendo.

A mi editor, Agustín Pániker, que siempre confía en mí. A todo el equipo de la editorial Kairós. por cómo facilitan las cosas.

A las personas que configuran mi familia afectiva, por su presencia.

En agradecimiento a todas las personas que me han bientratado.

Prólogo

Fina Sanz me pide que escriba unas palabras de prólogo como directora de la Unidad para la Igualdad de la Universidad de Sevilla. Así lo hago, ya que entre los objetivos de esta unidad está «integrar la Igualdad, de forma transversal, en todos los ámbitos y actividades de la Universidad de Sevilla y promover estrategias y programas en relación a la Igualdad», y esto va irremediablemente unido al buentrato.

Sin embargo, no puedo dejar de hacerlo, también y principalmente, como amiga. Fina empezó, y sigue siendo para mí, siendo una maestra, una mujer sabia que la vida me ha regalado. Hice con ella, ya hace 20 años, el «Curso de Crecimiento Erótico y Desarrollo Personal». Me transformé, e incorporé herramientas de la Terapia de Reencuentro que más adelante me ayudarían a afrontar determinadas situaciones personales, como, por ejemplo, hacer el duelo cuando murió mi padre, recibir a mi hijo, o reconsiderar mi guion de vida para que fuera más saludable.

Igualmente, utilicé otros recursos para llevar la Terapia de Reencuentro a mi entorno laboral. Coordiné grupos de mujeres en el Centro de Salud de Guillena (Sevilla), o participé en el desarrollo del nuevo Plan de Estudios de Grado en Enfermería con una asignatura troncal «Género y Salud» donde lo vivencial forma parte indispensable para deconstruir el género y así construir relaciones más igualitarias. También con Fina realizamos varias ediciones del máster «Autoconocimiento, Sexualidad y Relaciones Humanas en Terapia de Reencuentro», en la Universidad de Sevilla.

Con el roce y el tiempo fuimos compartiendo vida personal y profesional, y nos convertimos en familia afectiva. Nos hemos cuidado mutuamente, hemos reído, llorado, viajado e inventado. Podría escribir una larga lista. En resumen, hemos vivido y vivimos una relación de buentrato. He sentido el buentrato de la Fina maestra, mujer, profesional, esencialmente amiga, y poco a poco voy profundizando en su sentido.

Al hilo de esto, cada vez que escribo la palabra «buentrato», el corrector de ortografía la señala en rojo. No existe. Lo que no se nombra no existe. Por eso, la añado al diccionario de mi ordenador y doy un pequeño pasito que contribuya a la introducción del concepto en mi vida y, a ser posible, en algunas vidas más. Por esta razón, este es un libro imprescindible, aunque Fina empiece diciendo que es un libro sencillo, sin grandes aspiraciones, que «solo» pretende «proponer otro modelo de relación» (¡nada más y nada menos!). Podría parecer que se presentan términos, conceptos o ideas demasiado sabidas. Todo lo contrario, son totalmente pertinentes, totalmente innovadoras; lo que ocurre es que ella las lleva utilizando, asimilando, viviendo y transmitiendo desde hace ya muchos años.

Este libro nace de su experiencia personal y profesional, de su adentro y de su afuera, de la observación de ella misma, de su vida y sus emociones, de otras personas y del contexto social.

Se ha mirado con una honestidad admirable, la misma con la que nos cuenta de ella, de su familia, de sus amistades y de sus proyectos de amor. Es el vivo ejemplo de la autorreflexividad que genera conocimiento.

También se nutre de la observación de tantas mujeres y hombres que hemos ido pasando por sus grupos. Ha acompañado a muchas personas y ha podido desvelar sus/nuestros secretos y momentos de maltrato, así como testar la energía que se genera cuando se practica y vive el buentrato. Y todo ello sin dejar de tener una mirada atenta a la realidad social que nos rodea.

¿Qué es lo que aporta este libro? Que define muy clarito, con un lenguaje muy sencillo, al alcance de cualquiera, el buentrato: le da forma, entidad, lo construye y nos permite de esta manera incorporarlo a nuestro mundo, vivirlo en nuestros cuerpos, compartirlo con otras personas y multiplicarlo. Como diría Celia Amorós, lo ha conceptualizado y, por tanto, lo ha politizado («conceptualizar es politizar»[1]), lo cual implica «pasar de la anécdota a la categoría» para visibilizar un fenómeno, darle nombre, hacerlo presente en la realidad, y así poder trabajar sobre él. Porque la teoría es fundamental para poder luchar de forma efectiva, en este caso por la igualdad, esto es lo que permitirá en la práctica avanzar hacia ese nuevo modelo de relación que se propone.

El hecho de que el buentrato y el maltrato estén ligados a lo emocional, lo que está experimentado y grabado en nuestros cuerpos, hace que eso permanezca oculto. Lo que se hace en estas páginas es visibilizarlo, al relacionar la teoría con la experiencia. Nos invita a conocernos, comprendernos, ver con cariño nuestras heridas para, a partir de ahí, poder comprender y mirar con cariño a quienes nos rodean y crear contextos de buentrato.

Además, el buentrato se contagia porque genera placer y felicidad. Defiende Riane Eisler[2] que la vocación de las personas son las relaciones armoniosas y de paz, que cuando se introduce con el patriarcado la violencia generalizada se va en contra de nuestra naturaleza. Sin embargo, a veces, el buentrato genera desconcierto, desasosiego y envidia en personas y círculos cuya manera de hacer y vivir está centrada en la competitividad, la agresividad, el individualismo o el machismo.

Este libro nos propone otro modelo de relación y nos invita a inventar e involucrarnos en proyectos de amor personales, relacionales y sociales. No solo hace una propuesta teórica, sino de vida. Porque cuando conocemos el buentrato, no solo racionalmente, sino que lo experimentamos, dejamos de ser «inocentes», y adquirimos la responsabilidad de vivirlo, de bientratarnos y bientratar; asumimos el compromiso de llevarlo a nuestra vida personal, nuestras relaciones y nuestro entorno. Solo así lo multiplicaremos.

Dra. Rosa Casado Mejía
Directora de la Unidad para la Igualdad
Universidad de Sevilla
Sevilla, 4 de marzo de 2016

Prólogo

Fina Sanz ha dedicado gran parte de su vida a transmitir, para un mejor vivir, la importancia del trabajo de autoconocimiento. Trabajo presente y de su autoría desarrollado en la Terapia de Reencuentro. Quienes hemos tenido el placer de conocerla sabemos que la invitación que hace a través de este libro responde a un proyecto de amor vivido, también, en primera persona. Eso es lo que la hace, entre otras muchas cosas, especial.

Cuando Fina Sanz nos presenta un libro que lleva por título *El buentrato como proyecto de vida* no es ingenuidad. Se trata de dejarnos saber que lo que en sus páginas vamos a encontrar, si no lo es ya, se convertirá en parte de un (nuestro) proyecto de vida. No podría ser de otra manera, si reflexionamos en cada uno de los puntos que nos presenta.

Tenemos ante nosotros y nosotras un libro esperado por quienes apostamos por una convivencia desde el respeto, la honestidad y la aceptación propia y la de los y las demás. Por quienes (nos auto)trabajamos por vivir de manera consciente una vida que exige compromiso vital. Un libro para quienes nos dedicamos a luchar contra la violencia que ocurre en las relaciones afectivas, ese espacio relacional que debería ser de amor y protección.

El libro comienza con una introducción en la que desde el minuto cero, como es habitual en Fina, nos pone a trabajar. Nos informa del objetivo-misión del libro: «¿Para qué escribir un libro sobre el **buentrato**? Para proponer otro modelo de relación, otros valores sociales, otra relación humana con las demás personas y consigo mismo/a». Acto seguido nos expone un panorama de violencia y maltrato ante el cual le plantea al lector o la lectora unas preguntas: «¿Cómo salir de ahí? ¿Cómo entender? y, sobre todo, ¿cómo buscar alternativas?».

Dándose ella misma a ese ejercicio de reflexión y propuesta de acción, nos presenta un libro que está dividido en cuatro grandes bloques: 1) El modelo de maltrato: el maltrato producto del mal trato; 2) Del maltrato al buentrato; 3) El modelo de buentrato: el buen trato y el buentrato, y, finalmente, 4) Proyectos de amor. Cada uno de esos bloques contiene varios apartados que de manera muy didáctica invitan, a través de preguntas intercaladas o ejercicios propuestos, a la reflexión.

Sus páginas representan un gran reto porque nuestra realidad global cotidiana a nivel nacional e internacional nos coloca más en la incerteza que en la certeza; más en la dejadez que en la acción. Vivimos en un contexto agresivo y violento. Esta realidad requiere, en ocasiones, de un esfuerzo imaginativo que nos ayude a pensar más en la posibilidad del buentrato que en acciones de (auto)exterminio. Fina nos dice que es posible no solo imaginar, sino actuar, y apuesta por ello.

En las primeras páginas de la Parte I: **El modelo de maltrato: el maltrato producto del mal trato**, nos invita a reflexionar sobre los tipos de relaciones que construimos y desde donde nos vinculamos. Nos hace reflexionar sobre cómo la violencia forma parte de nuestras vidas, estado esta normalizada y, cómo, al estar normalizada, se nos dificulta el visualizarla. Ello nos lleva a, de manera habitual, maltratarnos en diferentes niveles (individual, relacional y social), siendo el automaltrato también parte importante por revisar.

La autora presenta la violencia como algo de carácter estructural. Denuncia el patriarcado como un sistema capaz de hacer, fomentar y vigilar para que existan y persistan «diferencias» elegidas, nombradas y subrayadas en todas las sociedades; presentadas como naturales y justificadas en el tiempo con independencia de su creación de origen.

La autora nos señala y subraya que: «Las diferencias se jerarquizan y se estructuran en relaciones de poder dominio/sumisión». Esto es clave para poder ver los obstáculos que, de entrada, en este sistema estructural en el que vivimos, dificultan el buen tratarnos. Se juega a los buenos y a los malos, en todas las facetas de nuestras vidas: buena/mala madre, buena/ mala amiga, buen/mal padre, buen/mal amigo, etcétera. Se generaliza y perpetúa la diferencia, y se convierte en una verdad insoluble.

Las advertencias de cómo esa violencia, ese maltrato continuo y gratuito que vivimos a diario, marca nuestra historia corporal, más allá de lo inmediatamente visible, son cruciales para entender la imperante necesidad de reflexionar y actuar hacia el buentrato.

Trabajar para erradicar la violencia, como tantas veces he señalado en mis conferencias y docencia impartida en diferentes países, cansa, agota, desanima, es difícil y complejo. Esto responde a varios factores, entre ellos: la carga emocional tan grande incrustada en las relaciones interpersonales, y el tener que enfrentarnos a un sistema con tantas caras. Como he señalado en algunos de mis escritos y en mi docencia y conferencias, la violencia es camaleónica; por eso requiere conocerla. De lo contrario, estamos condenados y condenadas a repetirla; alejándonos así de bien tratarnos y contribuyendo a su perpetuación.

Y cuando se trata del ámbito más íntimo, el de una con una misma, Fina lo recoge de manera excelente cuando nos dice:

Pero si es difícil, en ocasiones, ver la violencia sutil, social y en las relaciones, mucho más difícil es reconocer el maltrato que nos ejercemos internamente, la violencia interna, cómo hemos interiorizado el modelo social que nos dificulta salir de él aunque teóricamente lo rechacemos, lo critiquemos; cómo nos colocamos en situaciones de violencia porque sin querer reproducimos valores, roles que nos sitúan en los malos tratos y en la espiral laberíntica de la violencia (p. 85).

En un sistema como el que vivimos, con tanta violencia, a veces tenemos la ilusión de poder optar. Optar como mecanismo de sostenimiento de lo invivible. Pero, en un entorno donde se te niegan las salidas, el resultado, la conducta emitida, no es optar, sino acatar para precisamente sobrevivir. Callar, autoinvisibilizarte, perder la voz y la mirada es una forma, aunque resulte difícilmente creíble, de paradójicamente situarte en la misma relación abusiva. Por eso es importante la reflexión y la construcción de otras posibles miradas.

La segunda Parte, **Del maltrato al buentrato**, nos habla de las emociones y cómo su vivencia puede afectar a nuestra salud. Comparte con el lector o lectora sobre las heridas. Nos dice que: «Una herida es un daño que la persona siente como consecuencia de una violencia ajena –manifiesta o sutil–. También cuando nos desvalorizamos». Las heridas que las mujeres, por ejemplo, hemos vivido a través de la historia.

Generando y quedando las heridas, en palabras de Fina, **«Las heridas emocionales generan dolor**. Quedan incrustadas en nuestro cuerpo y en nuestro corazón, en nuestro espíritu», resulta relevante, en el camino de construcción, un modelo que apueste por el buentrato; la pregunta que tan acertadamente nos hace: «¿Cómo curar las heridas para no hacer una **reactividad emocional**?».

En la Parte III, **El modelo de buentrato: el buen trato y el buentrato**, nos hace una aportación relevante desde mi punto de vista; nos invita al ejercicio de comenzar, reconocer y sostener acciones que nos permitan gozar del bienestar, del buentrato. Tres prácticas: la de aprender a cuidarse; en segundo lugar, el desarrollo del cuidado mutuo, y por último, la construcción de una familia afectiva. Aparentemente sencillas todas, pero difíciles de conseguir en la estructura social actual. La autora nos advierte de cómo nos boicoteamos y de la importancia de perseverar en estas prácticas. Lo que implica todo ello en la vida de las personas es importante; ayuda a ir adquiriendo más control de la propia vida.

El hecho de permitirnos sentir placer, alegría, bienestar, en nuestra cultura, a veces, la mayoría de las veces, es como un privilegio que los y las mortales no debemos permitirnos. Lo «normal», lo «esperado», e incluso lo «correcto», es sentir malestar y asombrarnos al sentir bienestar; hasta el punto de catalogar la experiencia, muchas veces, como egoísmo y no estar permitido el disfrute de ella por esperar que volvamos a experimentar lo propio, el malestar. El buentrato, como señala Fina, requiere de un trabajo a nivel personal pero también a nivel colectivo.

Los límites, los duelos, la frustración, la sexualidad, la soledad, los miedos, etcétera, son partes claves sobre las que hay que reflexionar. La introspección es una herramienta de utilidad, es el microscopio que nos ayuda a observar nuestras vidas; es el telescopio que nos ayuda ver las estrellas de nuestro universo personal y relacional.

El camino hacia el buentrato requiere, como advierte Fina, recontratar con la vida o negociar con ella. Dejar ir y recibir lo nuevo que se presenta con la genuina intención de vivirla en plenitud y bien. Todo ello acompañado de la responsabilidad que se tiene por el vivir en el buentrato.

La Parte IV, **Proyectos de amor**, nos habla del amor más allá de la pareja. Los proyectos de amor no es el «debo hacer», sino que son incondicionales. Nos ayudan a construir otras formas de relacionarnos, desde el buentrato, desde el bienestar, el placer y la salud. Para que estos sean productivos han de contar con el amor propio, que en palabras de Fina «implica el respeto por nosotras mismas, sentir nuestra dignidad de personas, seamos quienes seamos, no importando nuestra edad, nuestra nacionalidad o nuestra cultura».

En resumen, efectivamente, como señala Fina, resulta difícil hablar del buentrato (algo aún necesitado de instauración social y colectiva) sin hablar de lo que supone el maltrato. Aún más, si no hablamos de aquello que: 1) la niega, 2) le otorga cualidades y características peyorativas (cosa de tontos/as, expresiones del tipo: «muy bonito, pero lo que pasará es que abusarán de ti. Se ha de ser fuerte y dar primero»), 3) se encarga de crear mecanismos de atemorización que te presagian una vida de soledad y de abuso por ser «buena» o «demasiada buena persona», 4) ofrece una batería de instrumentos (la experiencia, los refranes, las canciones, entre otros) sentenciadores de la suerte que tocará y a qué bando pertenece quien desee alcanzarla, y 5) la hace invisible e inalcanzable, a pesar del bienestar que nos puede causar.

¿Cómo lograr vivir desde el buentrato si el verbo que es acción y nos energiza se nos he negado? Como señala Fina, el buentrato responde al reclamo de un modelo que está por construir. Pero... ¿qué hacer para contribuir y ser parte de esa construcción? De ello trata este libro.

Fina nos invita a unas «prácticas sencillas», dice ella. Que requieren de un compromiso y de un cambio de, a veces, trescientos sesenta grados. ¡Casi nada!, ¡darle la vuelta entera a la vida! La invitación, como señala mi gran amigo y maestro Edwin B. Fernández Bauzó, a vivir de manera consciente. A lo que yo añado, vivir de manera comprometida.

¿Comprometida con qué o quién? Con el yo (en esa consciencia del espacio individual), con el tú-él/ella-usted-ellos/ellas-ustedes (en ese reconocimiento y aceptación del otro y su derecho de ser en el propio espacio personal, en el espacio relacional y social), con el nosotros (desde el propio espacio personal, y en ese espacio relacional y social).

Quiero finalizar las líneas de este prólogo dando las gracias a mi querida maestra y amiga, Fina Sanz, por hacerme partícipe de tanta sabiduría. Es un privilegio poder tener en las manos un libro y hablar sobre él. Un libro que lleva consigo el gran reto de no solo hablarnos del buentrato, sino de sugerirnos posibles acciones para su obtención. Un libro, del que estoy segura que no dejará indiferente y se convertirá en referencia para las personas que, como usted y como yo, lo lean.

LEONOR M. CANTERA ESPINOSA
Profesora titular de la Universidad Autónoma de Barcelona
Barcelona, 13 de marzo de 2016

Introducción

¿Para qué escribir un libro sobre el **buentrato**? Para *proponer otro modelo* de relación, otros valores sociales, otra relación humana con las demás personas y consigo mismo/a.

Continuamente vemos en los periódicos, en las televisiones, noticias de violencia: guerras, muertes por violencia de género, trata de personas, de mujeres, de niñas y niños, violencia contra personas diferentes en razón de su etnia, de su raza, religión, clase social, opción sexual... Muertes, discriminación, burlas, humillaciones, insultos...

¿Cómo salir de ahí?, ¿cómo entender? y, sobre todo, ¿cómo buscar alternativas?

Aunque considero que siempre he trabajado para el buentrato, nunca lo llamé así. El buentrato estaba invisibilizado, también para mí.

En el primer libro que escribí, *Psicoerotismo femenino y masculino*,[3] hablé de una primera y gran discriminación en función de la división social de género –que genera una dicotomía–, hice una crítica a lo que se entiende por sexualidad –que se identifica con genitalidad– y propuse una metodología, el autoconocimiento, para integrar el propio cuerpo, tratándolo con respeto y amor a fin de recuperar la conciencia de sensibilidad, placer físico e imaginario y el empoderamiento de este. Se trataba de empezar con la escucha del cuerpo, el cuerpo integrado, como totalidad.[4]

Cuando escribí *Los vínculos amorosos*,[5] fui desbrozando diferentes procesos que se desencadenan en las personas y en las relaciones –amorosas o afectivas en general– para poder entender muchos de los problemas que nos generan dolor o maltrato en las relaciones, muchas veces por desconocimiento de los procesos, y cómo desarrollar e integrar aspectos que hemos aprendido dicotomizados, cómo entender procesos para vivir los vínculos desde el amor, pero también desde la autonomía; y, por otra parte, saber despedirse si no nos van bien. Introduje explícitamente ya el concepto de amor y hablé de tres conceptos de buentrato, muy sencillos, que empecé a incorporar desde que creé el modelo de Terapia de Reencuentro, y que desarrollo también en este libro. Pero entonces, tampoco lo conceptualicé como prácticas de buentrato.

Los laberintos de la vida cotidiana[6] mostraban las dinámicas laberínticas de los conflictos, de esas situaciones tortuosas en que nos coloca la Vida, y cómo acompañarnos con humildad, comprensión, autoescucha y cariño para atravesar esos momentos difíciles. Eso requiere también tener que asumir la frustración cuando es necesaria y la realización de duelos, como despedida de expectativas y cambios.

La Fotobiografía[7] nos hacía aprender a recapitular sobre nuestra vida, que en última instancia nos ayuda a colocarnos en el momento actual, agradeciendo lo aprendido del pasado, reconociendo y desechando lo inservible, lo que no nos fue bien, con la idea de tomar conciencia y empoderarnos de nuestro presente, poniendo las bases para lo que queremos vivir.

Con *Diálogos de mujeres sabias*[8] y *Hombres con corazón*[9] he querido visibilizar a las personas, mujeres y hombres, en la segunda mitad de la vida, un período en el que se invisibiliza a las personas, y en especial a las mujeres, para darles un lugar social, una voz. Todas y todos hemos de tener nuestro espacio en esta sociedad y poder recoger la sabiduría que emana de cada persona en cualquier ciclo de la vida.

En todos los libros se habla de lo agradable y desagradable, del placer y del dolor; lo que era mal trato, lo que generaba problemas y dolor y lo que era buen trato: hacia sí y hacia los demás. Para ello utilicé el *autoconocimiento,* como metodología para indagar en nuestras sensaciones, emociones, pensamientos, imágenes, comportamientos; para corroborar lo que nos es válido y concretar en aquellos aspectos personales, relacionales y sociales que no nos van bien, nos producen malestar y queremos cambiar, para vivir mejor.

En el año 2004 se publica el libro *La violencia contra las mujeres*,[10] en el que se me había pedido que escribiera la Introducción. La titulé: «Del mal trato al buen trato», queriendo aportar explícitamente una alternativa al modelo de violencia. A partir de ahí empiezo a hablar y a visibilizar el buen trato como opuesto al mal trato. Es decir, como la acción de tratarse de una u otra forma.

Sin embargo, me voy dando cuenta de que *no existe el concepto buentrato* –como opuesto a maltrato– y empiezo a introducirlo en los grupos y formaciones que realizo. Ese concepto empieza a difundirse y a tratar de tomar cuerpo, especialmente en México –también en España y otros países latinoamericanos.

Aunque fui hablando de todo ello en diversas conferencias, en octubre de 2014 se me propuso que impartiera la conferencia inaugural de la *Primera Jornada Internacional por el Derecho al Buentrato*, que se realizó en la Comisión de Derechos Humanos del Distrito Federal de México. Denominé la conferencia «Del Maltrato al Buentrato. Proyectos de amor para construir relaciones de paz».

Posteriormente, en octubre de 2015, se me pidió que impartiese otra conferencia en la Facultad de Psicología de la

UNAM (Universidad Nacional Autónoma de México), donde profundicé sobre el tema: «El buentrato como proyecto de vida». Ya había escrito algunos artículos sobre ese tema en la revista *Mente Sana*.[11]

Pero tanto en esa última conferencia como en la anterior había gente que me preguntaba al finalizar: «¿Y dónde puedo leer todo esto que dice? ¿Dónde puedo leer más?». Es decir, se empieza ya a introducir el concepto, aunque no se tiene claro en qué consiste, cómo hacer...

Hacía años que había comenzado a escribir un libro en el que, siguiendo mi enfoque terapéutico, me centraba especialmente en la sexualidad y la terapia sexual. Uno de los capítulos –o varios– se iba a centrar en estos temas, como una de las causas, también, de las dificultades sexuales tanto personales como relacionales, y sociales, con las que trabajo en la terapia sexual.

Pero pensé que, antes de escribir aplicaciones prácticas sobre el tema –el buentrato en la sexualidad, relaciones sexuales y terapia sexual–, sería importante elaborar un pequeño manual de introducción; extraer el apartado que estaba escribiendo para convertirlo en un pequeño libro general que hiciera reflexionar sobre lo que es el buentrato para cada cual, cómo queremos llevarlo a nuestra vida y, a partir de ahí, ver cómo queremos aplicarlo en los diferentes ámbitos profesionales: en la salud, en la educación, en el trabajo social, etcétera.

Aunque en este libro quiero centrarme en el buentrato, necesito para ello ver lo opuesto: el maltrato. No es posible hablar del buentrato sin hacer referencia al opuesto, el maltrato –son las dos caras de un mismo eje–, y las tres dimensiones que tienen: la dimensión social, la relacional y la personal, causa y consecuencia.

Al igual que ambos *conceptos van unidos –buentrato y maltrato–, las tres dimensiones están completamente interrelacionadas*, con lo que no se puede hablar de una sin hablar de las otras. No se pueden separar. El maltrato o el buentrato lo viven y ejercen las personas, se da en las relaciones y se aprenden y desarrollan en lo social. Por lo tanto, podríamos analizar estos dos modelos, tanto de lo individual a lo social, como a la inversa, pasando por lo relacional.

Sin embargo, metodológicamente, he creado apartados separados como un recurso pedagógico que ayude a entender cómo y qué se genera en cada ámbito para ir viendo asimismo alternativas.

La Parte I, que hace referencia al **Modelo del maltrato: el maltrato producto del mal trato**. Aquí pretendo ser bastante escueta, dado que hay tal cantidad de aspectos y de ejemplos concretos que el libro podría derivar en un texto sobre maltrato. Y no es lo que pretendo. Lo que quiero es, a partir de lo que conocemos sobre maltrato, y de un breve análisis de ello, buscar cómo trabajar lo opuesto, el buentrato.

Fundamentalmente, en esta parte del libro he querido hacer hincapié en aquello que considero que se conoce menos, que está más invisibilizado, que es el contexto social de donde surge, es decir, la dimensión social del maltrato, y lo que se denomina *violencia de género*.

No he querido profundizar en el maltrato relacional y personal, para no ser redundante, porque al plantear más adelante el *buentrato* (Parte III), necesariamente he de hacer referencia a las alternativas frente a ejemplos de maltrato.

En la Parte II, **Del maltrato al buentrato**, he querido introducir dos de los aspectos que están presentes en nuestro vivir cotidiano: las heridas que tenemos, y las emociones –especialmente, la ira– que se reactivan, y cómo, si no somos conscientes de ello, generan frecuentemente maltrato; y cómo hemos de manejarlas para transformarlas en buentrato.

La Parte III se centra en el **Modelo de buentrato: el buen trato y el buentrato**, su invisibilidad y cómo dotarlo de contenido.

En la Parte IV hablo de los **Proyectos de amor**, como una propuesta fácil, cotidiana, de introducirnos en la filosofía de ese modelo. Pongo algunos ejemplos de cómo se pueden concretar en pequeños proyectos, las acciones de buentrato, y comento algunos de los proyectos que conozco de manera más directa, por haberlos realizado desde la Fundación de Terapia de Reencuentro.

Por supuesto que soy consciente de que podría haber desarrollado más cada uno de los apartados del libro, pero teniendo en cuenta que de cada uno de ellos se podría escribir un amplio texto, mi objetivo al escribir este pequeño libro es sencillo: contextualizar y abrirnos a pensar en otro modelo posible, el buentrato, con el fin de introducir una reflexión al respecto para que se pueda ir aplicando a las diferentes áreas de trabajo; que cada quien nos devuelva nuevos aportes, posibilidades, concreciones, que finalmente repercutirán en la salud, en nuestro estar en el mundo, en las relaciones, en nuestra vida social y, en última instancia, en la vida de este planeta, en los otros seres, en la Naturaleza, con quienes –nos demos cuenta o no– estamos interconectados y somos interdependientes.

PARTE I

EL MODELO DE MALTRATO:
el maltrato producto del mal trato

1. El mal trato y el maltrato

¿Cómo es el tipo de relaciones que estamos construyendo? ¿Cómo nos vinculamos? Lo que pensamos, sentimos acerca de nosotros/as mismos/as, de las relaciones, de la pareja o acerca del amor, está basado en creencias, valores, sociales y personales, que generan comportamientos que fácilmente nos colocan en relaciones de maltrato o de buentrato. Lo hemos incorporado y aprendido del modelo social.

Las personas necesitamos relacionarnos, vincularnos; nuestra interdependencia es la base de la comunidad.

Durante unos minutos reflexiona sobre:

> ¿Qué es para ti el maltrato?

Piensa ahora:

¿Cuándo te has sentido maltratada o maltratado?
(en cualquiera de las áreas de tu vida: familiar,
sexual, laboral, amistosa...)

Reflexiona también sobre:

¿Cuándo has maltratado a alguien?
(en cualquiera de las áreas de tu vida: familiar,
sexual, laboral, amistosa...)

¿Cómo te maltratas a tí mismo/a?

Es fácil reconocer el maltrato. Recapitulando a lo largo de nuestra vida podemos reconocer palabras, gestos, o comportamientos, que nos han dicho o hecho, que nos han causado daño. El daño del maltrato se siente en el cuerpo, pero también psíquica y espiritualmente. Notamos sensaciones corporales de tensión; el cuerpo se contrae o sentimos dolor en alguna parte del cuerpo –la boca del estómago, la nuca, la garganta que parece agarrotarse, etcétera–. Asimismo podemos reconocer emociones, especialmente la tristeza, la rabia o el miedo; y pensamientos e imágenes que refuerzan o sugieren esas emociones. Asimismo solemos experimentar depreciación, autodepreciación, desvalorización... El maltrato también podemos sentirlo hacia nosotros/as mismos/as con ideas como: «No valgo nada», «me lo merezco», «nadie me querrá», etcétera.

Por otra parte, aunque nos cueste reconocerlo, también nosotros/as maltratamos o hemos maltratado, con pequeñas o grandes acciones, gestos...

Sí, desgraciadamente, el maltrato forma parte de nuestra vida cotidiana, de nuestra manera de relacionarnos, de situarnos en el mundo y situarnos frente a los demás.

El maltrato es producto del mal trato. Pero... ¿por qué nos maltratamos?

2. La normalización de la violencia

El daño, el maltrato, la violencia están tan normalizados que muchas veces, a menos que sea muy visible y brutal, no los reconocemos. Las broncas, los insultos, las desvalorizaciones, la humillación... pueden parecer formas «normales» de vivir en pareja, en la familia, en el trabajo, o en los programas televisivos que generan audiencia.

El maltrato entre las personas y hacia uno/a mismo/a se siente en el cuerpo y en el espíritu –metafóricamente diríamos en el cuerpo y en el alma– y destruye, enferma, y genera una espiral de violencia que se invisibiliza, se normaliza y a la larga se convierte en patrones que constituyen guiones de vida personales y sociales.

Muchos de los malos tratos no son reconocidos ni por la persona que los ejerce, ni a veces por quien los sufre, porque forman parte de comportamientos «normalizados»; por lo tanto no se denominan, o no se consideran, maltrato; con lo cual no se investiga sobre qué lo produce, ni se desarrollan otras formas alternativas. Y por otra parte, cuando se reconoce –normalmente cuando lo sufrimos– a veces no se sabe cómo salir de ahí o cuál podría ser el modelo alternativo.

En ocasiones he preguntado qué es lo opuesto al maltrato. Me han llamado la atención dos tipos de respuestas frecuentes:

a) «Que no haya maltrato»
b) «Que haya amor»

En el primer caso, no se sabe encontrar o denominar lo opuesto. Se cambia maltrato por «no maltrato».

En el segundo caso, como veremos más adelante,[12] una cosa es el amor, y otra es cómo cada cual entiende el «amor» y justifica con ello sus celos, su violencia, etcétera. A veces hemos oído eso de: «Te pego porque te quiero». Hay personas que maltratan, y a la vez consideran que aman a quien hacen daño.

Maltrato y amor son dos cosas diferentes. El maltrato nunca se puede justificar por el amor; y quien realmente ama, no maltrata.

El maltrato se produce en el afuera –lo que se ve– **y en el adentro** –lo que no se ve–. Es decir, el maltrato **se desarrolla en tres niveles: social, relacional y personal (interno).**

3. Dimensiones del maltrato

El maltrato tiene tres dimensiones:

> **Maltrato** ----------------+---------------- **Buentrato**
> - Social
> - Relacional
> - Interno

- Una dimensión *social*, donde el maltrato se construye y se mantiene a través de una estructura de dominio/sumisión, que genera relaciones de poder, de mal trato, y valores como la violencia, la lucha, la guerra, la competencia, etcétera, que normalizan y mantienen la violencia.

- Una dimensión *relacional*: esa estructura de poder dominio/sumisión se reproduce en las relaciones y en los vínculos.

- Una dimensión *personal*: el modelo –en gran parte invisibilizado y normalizado– es interiorizado por las personas, que reproducen en sí mismas esa dualidad, esa pelea interna, y esos valores, que mantienen las relaciones de poder.

4. Un poco de historia personal

Nací en una España autoritaria. El temor formaba parte de la vida cotidiana. Todavía recuerdo a mi madre cuando en Semana Santa me decía «No pongas música porque alguien nos puede denunciar». Sí, en Semana Santa no se podía poner música, solo la sacra.

El maltrato, el mal trato y la violencia los vi y viví en las instituciones, en lo social, especialmente durante la infancia y en mi juventud universitaria.

Me escolaricé en un colegio de monjas –prácticamente en aquellos años toda la educación era religiosa–, desde los 3 años hasta los 17; no me recuerdo, ni en mis primeros años, haciendo un dibujo libre, ni jugando. Fueron años especialmente duros de mi vida. El abuso de autoridad, la irracionalidad, el miedo, la violencia sutil y manifiesta eran para mí lo cotidiano, en aquellas paredes del colegio que me sugerían una cárcel. Sin poder escapar.

Viéndolo con distancia, creo que viví lo mismo que una mujer maltratada en una relación de pareja: pérdida de la voz para expresarme –por miedo al castigo–, la sensación de aislamiento, una depresión más o menos manifiesta, y la fantasía de que un día todo cambiaría; en mi caso saldría de allí cuando acabara mis estudios. Mientras tanto, opté, como muchas mujeres maltratadas, por hacerme «invisible».

Mi hermana, más joven, tuvo más «suerte» que yo. Mis padres la sacaron del colegio cuando la pasearon por el colegio, ¡a los cinco años!, para ridiculizarla, con una libreta colgada a la espalda, que ponía «¡MAL!» y cero en sus deberes escolares. Y así la hicieron salir a la calle, llorando. A pesar de ser ya una mujer en la segunda mitad de la vida, mi hermana aún lo recuerda con horror.

Mis recuerdos personales más difíciles allí fueron un poco más tarde, durante mi adolescencia. En la época de los años 60 –siglo XX–, cuando se produjo una pequeña apertura en España, a través del turismo, en donde las extranjeras –especialmente mujeres nórdicas–, que venían a bañarse a nuestras playas, generaron un verdadero impacto en la sociedad nacionalcatólica franquista y machista de la época. Surgieron por entonces figuras eróticas como Brigitte Bardot y se puso de moda el cardado en el pelo, que nos hacía parecer un poco más altas y modernas. Se acercaba también la moda de la minifalda.

Tenía 14-15 años, y algunas de mis compañeritas de clase tenían sus «novios» –jóvenes de 15, 16 años...– que las esperaban con ilusión a la salida de clase. Pero en diversas ocasiones presencié, con vergüenza y rabia, cómo la monja ponía a una de esas jovencitas, de pelo ligeramente cardado, la cabeza bajo el grifo del cuarto de baño para deshacerle el pelo y que saliera a la calle con la cabeza mojada como si le hubiera caído un pozal de agua. O deshacerle el bajo del uniforme que, tímidamente, mostraba dos dedos de la rodilla en vez de taparla completamente; ¿qué insinuaban dos dedos de rodilla? O deshacerle el cinturón de tela del uniforme –uniforme hecho de tablas de tela de arriba abajo para que no se nos notaran las formas corporales– porque, en vez de estar completamente suelto, marcaba ligeramente la cadera de la estudiante.

También recuerdo a mi madre que en cierta ocasión tuvo que acudir al colegio y no tomó en cuenta que no se podía entrar sin mangas que cubriesen el brazo por debajo del hombro. Le dieron para entrar unas mangas de papel con las que cubrirse.

Ahora puedo hablar de todo esto sin rencor, con una mirada compasiva hacia aquellas personas que no tenían ningún estudio ni capacitación, ni psicológica ni pedagógica, ni conocimiento del desarrollo personal y emocional de las niñas y jóvenes que atendían.

Estos recuerdos y muchos otros, cuando se los contaba a mi hijo –educado en los años 80 en una escuela de renovación pedagógica–, le parecían insólitos y no llegaba a creérselos.

La España de aquella época era así: oscurantista, fundamentalista, ignorante y violenta, donde el maltrato visible y sutil era la norma.

Cuando me hice mayor, me di cuenta de que la normalización de la violencia no estaba originada solo por un sistema político e ideológico autoritario –una dictadura, donde es más visible y aberrante–, sino que se sustentaba incluso en las sociedades llamadas democráticas –con mayores cuotas de libertad de expresión y acción–; y que la base era el sistema patriarcal.

El sistema patriarcal nació hace unos 5 000 años aproximadamente –cambia de unas sociedades a otras–, y estableció unos valores y unas bases de convivencia que **normalizaron** y, en parte, **invisibilizaron ese maltrato como sistema social**.

EL MALTRATO SOCIAL

5. El modelo de relación de poder: jerarquía, creencias y valores

El modelo social es un modelo de mal trato. **El mal trato se construye, se ejerce y se reproduce en el espacio social.** Es lo que llamo la **violencia estructural.** Es la propia estructura de las sociedades patriarcales la que está diseñada desde una premisa de desigualdad, de valoración jerárquica de esa desigualdad y de violencia. **De todas las diferencias jerarquizadas, el patriarcado se basa en una diferencia sexual** y, sobre ella, construye una sociedad de género, a partir de la cual se estructuran otras jerarquías.

Las sociedades patriarcales se basan en la **primacía del hombre sobre la mujer**; y sobre esa diferencia sexual divide y **dicotomiza en géneros** a hombres y mujeres, **valorando lo llamado masculino sobre lo femenino**, generando así, en lo social, una estructura de relación de poder.

El **modelo de relación de poder se «normaliza»** y se extiende a otras diferencias, que a su vez vuelven a jerarquizarse.

Así, vale más un hombre que una mujer, una persona blanca que una negra, una persona europea que otra latinoamericana o africana, una persona heterosexual que otra gay o lesbiana, etcétera. **Las diferencias se jerarquizan y se estructuran en relaciones de poder dominio/sumisión.** Pero no hay que olvidar que la base de la relación de poder, en las sociedades patriarcales, es que el patriarca –el hombre– tiene un papel dominante.

Esto configura un sistema de **creencias y valores**, que si bien pueden constatarse en el afuera, en lo visible, básicamente lo incorporan y aprenden los miembros de esa sociedad de manera inconsciente, invisibilizada, de modo que aunque en las sociedades más desarrolladas del patriarcado, las sociedades democráticas, se cambian leyes y se promueve la igualdad entre los sexos, eso funciona paralelamente a:

- la *reproducción* continuada y sutil de *valores* patriarcales de *violencia y discriminación*;

- la reproducción de esos valores *en las relaciones*, y

- la *interiorización de esos valores sociales «normalizados» en las personas, que los reproducen internamente* en sus vidas, *en sus relaciones* y ratificando –inconscientemente– esos valores *en lo social*.

Efectivamente, **el conjunto de creencias, valores y roles son la base del sistema,** que *interiorizan las personas, y se reproducen en las relaciones* como un mandato, como una forma de pertenencia al sistema social.

Pañuelo con instrucciones para
que la mujer casada conserve al marido

Eso forma parte del inconsciente colectivo y se transmite a través de los **agentes socializadores**: la familia, la escuela, los grupos de pares, los medios de comunicación, etcétera.

¿Qué aprendemos? ¿Cuáles son los valores de maltrato y violencia que transmitimos?

Los elementos más relevantes que se transmiten en el sistema social, y que permiten su perpetuación, los resumiría en:

- la **dicotomía de género**, masculino y femenino,

- la priorización de **lo masculino sobre lo femenino**, que va a constituir

- un modelo de **relación jerárquica de poder**, que genera una que **estructura en relaciones de dominio/sumisión**

- la **reproducción de las relaciones de poder en los diferentes ámbitos de la vida y a las distintas diferencias** físicas, sexuales, raciales, religiosas, etcétera, no solo entre hombres y mujeres, sino también entre hombres y entre mujeres.

«Normalizamos», por lo tanto, valores **como la guerra, la tortura, la lucha, la discriminación, la humillación, las violaciones**..., potenciando para ello **el miedo, el odio, la desconfianza**...

Uno de los fenómenos terribles que vemos estos días en los periódicos y en las televisiones son las oleadas de personas refugiadas que huyen de las guerras, adentrándose en otros laberintos, como el de ser engullidas por el mar, perecer de frío, de hambre, o ser víctimas de la trata de personas y de explotación sexual. Acaban de anunciar que 10 000 niños y niñas han desaparecido al llegar a Europa.

Pero ahora son estas guerras, y antes otras, y otras..., con todo lo que supone de masacres de pueblos enteros, matanzas, reclutamientos de niños-soldado, violaciones de mujeres y niñas en los campos de batalla o en los campos de refugiados...

Hace algún tiempo, se difundió en Facebook la imagen de un niño cuyo papá lo fotografiaba dándole como trofeo que sostener la cabeza de un enemigo. Esa misma imagen terrible se puede ver en diversas guerras y violencias sociales en diferentes partes del mundo.

¿Qué se enseña a los niños en tiempos de paz? Los juegos de guerra con todo tipo de armas de matar, con juguetes de guerra, pistolas, rifles...

Pero también hay hombres adultos que, precisamente cuando no hay guerra, juegan a la guerra. La guerra excita...

¿Y cuáles son los programas de los medios de comunicación, TV, prensa..., qué más audiencia tienen? Los programas de violencia: muertes, asesinatos, guerras, peleas. Y también los programas de cotilleo, de violencia verbal, insultos...; eso tiene audiencia.

¿Qué se aprende? ¿Qué se normaliza? ¿Cómo aprendemos a relacionarnos?

¿Cómo desarrollamos la desconfianza, el miedo a los otros? ¿Cómo actuamos frente a ello? ¿Y cómo todo esto se reproduce en las calles, en las casas, en las relaciones de pareja, en las relaciones de familia...?

Se aprende como normal y natural lo que no lo es: desarrollar y mantener la violencia.

6. Canciones y refranero popular

Una de las formas sutiles en que se transmiten esas creencias y valores es a través de las **canciones populares**, y las canciones populares infantiles, que hemos cantado. Al respecto, en el año 2004, la editorial Fono Astur, en colaboración con el Instituto Asturiano de la Mujer y Amnistía Internacional, recogieron canciones españolas y canciones populares de Asturias en un disco titulado *No más violencia contra las mujeres* [Non más violencia escontra les muyeres]. *Está en nuestras manos* [Ta nes nueses manes].

En este disco se recogen canciones populares que muestran distintas formas de agresión a la mujer: las agresiones físicas o psíquicas que, entrelazadas con muestras de afecto, viven algunas mujeres ya durante el noviazgo o inicio del matrimonio; cuando «se trivializa el comportamiento de un hombre violento» –El Mio Xuan–; cuando se responsabiliza a la mujer del maltrato que vive, no considerando el maltrato como delito, sino como «faltas» del marido; la muerte de una mujer por negarse a casarse, el abuso sexual, etcétera.[13]

Por otra parte, están los refranes. Los refranes son frases breves, generalmente de **transmisión oral**, conocidos, aceptados y utilizados «por casi todos los individuos de un determinado ámbito geo-cultural». Suelen ser anónimos, donde el «autor eleva a categoría general lo que en él nació como impresión, deducción o conclusión personal, plasmando en el refrán tanto su propio ingenio, sus costumbres y sus valores, cuanto la inercia y el influjo culturales de su contexto histórico».[14] Aunque el refranero es muy rico y suele presentar opiniones contradictorias y complementarias, estas constituyen, según Gregorio Doval, «la quintaesencia de la idiosincrasia cultural de los pueblos, a cuyo influjo nadie se puede sustraer; son, además, elementos vivos, vigentes, actuales y en evolución del lenguaje popular [...] cuya pervivencia está más que asegurada».[15]

Veamos algunos refranes y cómo se transmite en el imaginario, según este autor, lo que es una mujer:

- *En lo que el diablo no sabe hacer, pide consejo a la mujer:* «[...] refrán misógino que viene a señalar [...] que la mujer es un ser maligno, peligroso y, en este caso, astuto, taimado y artero».

- *La mujer honrada, la pierna quebrada, y en casa:* «Ideológicamente obsoleto y, sobre todo, injusto e injustificable, aunque aún de amplio uso, este refrán aconseja el recato y recogimiento que deben observar las mujeres casadas. De alguna manera, recomienda que las mujeres, tanto casadas como solteras, no gocen de excesiva libertad».

- *La mujer ha de hablar cuando la gallina quiera mear*: «En la misma línea inaceptablemente misógina de otros muchos refranes, este recomienda a la mujer mucha discreción en el hablar».

- *Con la mujer y el fuego, no te burles compañero*: «Enseña el recato y cuidado que se debe tener en el trato con las mujeres, pues éstas, como el fuego, son más peligrosas de lo que parecen y el que juega con ellas acaba, viene a decir el refrán, quemándose».[16]

7. La violencia de género

Parece que cada vez vemos con mayor frecuencia, en los periódicos, episodios de violencia en las relaciones de pareja y nos preguntamos si es que existe más violencia, o es que es ahora cuando se está sacando a la luz. Quizás hace unos años la violencia contra las mujeres estaba más invisibilizada. O no se hablaba de ello o se negaba, reproduciendo actitudes y creencias que sustentaban los comportamientos violentos como incuestionables, justificándolos («Si le ha pegado, habrá hecho algo, por algo será...»).

No es que antes este tipo de violencia no existiera, solo que no se denominaba violencia de género. El concepto de género es relativamente reciente,[17] y ha permitido la visibilidad de una problemática que era invisible porque formaba parte del sistema social.

¿Qué es para ti la violencia de género?

Los valores sociales patriarcales, como la lucha, la pelea, la guerra, reproducen el orden dominación-sumisión. Una de las manifestaciones de dominio en la guerra es la violación de las mujeres y niñas, como parte del botín, como forma de humillación a los otros hombres; las mujeres son consideradas una propiedad de los hombres, parte de sus pertenencias, un objeto al que se puede maltratar o destruir física y psíquicamente a través del elemento que simbólicamente representa el poder: a través de los genitales. Mediante la destrucción y humillación, física y psíquica, la violencia y la violación, se trata de que las mujeres mantengan la memoria histórica de que pertenecen al varón dominante, y se les fomenta el miedo, que las deja inmóviles y vulnerables.

Eso ocurre en las guerras, pero también en las casas y en las calles. La **violencia de género es la violencia hacia las mujeres por el hecho de ser mujeres**; es una violencia, **objetiva y subjetivamente, «autorizada»**.

Miles de mujeres fueron violadas en la guerra de la ex Yugoslavia, como en cualquiera de las guerras, en donde a las mujeres se las viola para demostrar que son propiedad del hombre y se las trata de dominar y humillar, a través del elemento simbólico de poder que es el pene. Otra de las prácticas de violencia es la trata de mujeres y niñas, se las cosifica como esclavas sexuales, o como úteros para que reproduzcan criaturas no deseadas.

Y tantos otros tipos de prácticas, como: la mutilación genital, la infibulación, las torturas, las palizas, etcétera.

8. El feminicidio

El feminicidio, tristemente conocido y visibilizado, consecuencia de la violencia de género, es un término que se acuñó
sobre todo a partir de las muertes de mujeres adultas en Ciudad Juárez (México). Si bien ya se hablaba de ello en la década
de los 80, es la antropóloga feminista Marcela Lagarde la que
lo introduce y desarrolla en los años 90.[18]

La categoría feminicidio y la teoría sobre el feminicidio, de la
que forma parte, emergen del bagage teórico feminista. Sus sin-
tetizadoras son Diana Russell y Jill Radford. Me basé en su trabajo teórico y empírico, además del de investigadoras como Janet
Caputi, Deborah, Cameron, y otras más, recopilados en el libro
Femicide: The Politics of woman killing que recoge importantes
estudios y análisis de casos de feminicidio en países tan diversos
como India, Estados Unidos y Canadá y abarca desde las cace-
rías de brujas en los siglos XVI y XVII en Inglaterra hasta nuestros días.

Traduje femicide como feminicidio y así la he difundido.

El feminicidio es el genocidio contra mujeres y sucede cuando las condiciones históricas generan prácticas sociales que permiten atentados violentos contra la integridad, la salud, las libertades y la vida de niñas y mujeres.[19]

Es un fenómeno que, anclado en las bases de un sistema que deprecia a las mujeres, se extiende como una práctica social cotidiana a la que pareciera que no prestáramos mucha atención, no fuéramos conscientes de su significado. Las muertes, las desapariciones no se investigan, ni se persiguen ni se castigan; se invisibilizan. ¿Dónde están las mujeres desaparecidas? ¿Dónde están las más de doscientas niñas secuestradas de un colegio de Nigeria?

Y existe también una **perversión en el sistema de violencia**: algunas *mujeres pueden incorporar también, como propias, esas creencias y valores* de una sociedad que las maltrata para convertirse en *guardianas de la estructura social.* Paradójicamente, sienten que adquieren valor cuando ejercen el control de los valores dominantes del sistema, cuando, por ejemplo, reprimen y castigan a las mujeres que tratan de salirse de la norma establecida.

En muchos países del continente asiático, como India, Pakistán, China... se practica el infanticidio. Cuando nace una niña se considera una desgracia, y la comunidad exige a la madre que la mate. Esa práctica perversa, de mujer a mujer, como una negación de sí misma, es llevada a cabo por muchas dolientes madres cuya negación a esa exigencia les conllevaría la expulsión de la comunidad, con un destino seguro hacia la mendicidad o la prostitución. Se la obliga a matarla con una bebida de tabaco.

O el *feticidio* selectivo que realizan algunas mujeres indias con mayor posición social, cuando van a hacerse una ecografía, acompañadas por la suegra, y se enteran de que el feto es una niña.

Este mismo fenómeno oculto ha existido también en China, durante años, con la política del hijo único, y, por supuesto, se deseaba que fuera un chico.

Esta desvalorización y rechazo hacia las mujeres y las niñas ha generado otro fenómeno paradójico aunque previsible. En algunos de estos países, actualmente faltan mujeres y muchos hombres tienen que buscarlas en otras aldeas e incluso, ante la escasez, pagar por ellas. Esto está teniendo como consecuencia el incremento de las violaciones a mujeres, el alcoholismo y drogadicción entre esos hombres que no consiguen estructurar una familia, y que con ello perderían parte de su identidad masculina, al no tener descendencia. [Véase el documental La maldición de ser niña, de Manon Loizeau y Alexis Marant. Arte France et Capa, 2006.]

Al margen de las prácticas de feminicidio contra las mujeres, las niñas o las bebés, hay otras muchas prácticas sutiles que muestran la desvalorización social de la mujer. Dado que he tenido experiencias en varios países latinoamericanos a través de conferencias, talleres y grupos, de diferentes profesiones y grupos sociales, he podido escuchar, por ejemplo entre las parteras rurales, en Chiapas (México), que cuando nace un niño las pagan más por su trabajo; o que la familia responsabiliza a la partera del sexo del bebé, no recomendándola cuando nace una niña. O en ciertas zonas (Perú), al niño que nace se le pone una cinta roja como protección para que viva, y a la niña que nace, una cinta verde de esperanza («si vive o no vive...»).

Toda esta violencia de género, invisibilizada o no cuestionada, se da en diferentes niveles y en diferentes sociedades. ¿Cuál sería la creencia profunda que da lugar a esas prácticas y comportamientos? Que las mujeres no valen, no aportan, te quitan –en algunos lugares de la India, las mujeres tienen que aportar una dote para casarse–..., y **las propias mujeres pueden asumir esa creencia, se desvalorizan y desvalorizan a las mujeres**, como una manera perversa, aunque inconsciente, de adquirir más valor siendo las guardianas de los valores dominantes masculinos.

Incidiremos sobre estos aspectos en varias conversaciones que he tenido con profesionales comunitarias/os de la salud, de psicología y de trabajo social, en un apartado más adelante. (Véase «Algunos ejemplos de violencia de género»).

9. Algunos ejemplos de violencia de género

Cuando he planteado estos temas en grupos de profesionales de Latinoamérica, me han ido informando de sus experiencias, algunas de las cuales expongo a continuación:

Una profesora comenta una experiencia que tuvo en Beijing:

Había una chica, jovencita, que decía: «en mi casa somos seis, cosa inusual, pero a escondidas somos seis y a mí me hace muy feliz eso; pero ¿qué pasa si nace una niña? Pues la tienen que matar; ¿y quién las mata? Pues la mamá de mi papá, es la que está encargada de eso. Ahí no es mamá directa, pero mi abuela nunca quiso, porque era muy feliz con toda nosotras y nunca dijimos, hasta que el gobierno nos descubrió porque éramos tantas y nos mandaron para trabajar.

Algunas mujeres coinciden en comentar las diferentes expresiones que se suelen emitir ante el nacimiento de una niña o un niño:

¡Ay, pobrecita, va a sufrir mucho porque es niña! O ¡Ay, ya nació el garañón, el que mantiene el apellido!

Y podríamos preguntarnos ¿qué piensan, qué experimentan las mujeres y las niñas en un sistema que las hace sentir inútiles, que son una carga, que no sirven? Interiorizando esos valores, queriendo dar hijos varones para ser apreciadas por la pareja y la comunidad, reforzando el sistema social y convirtiéndose en su propia enemiga.

Una mujer comenta:

Hay muchas mujeres quemadas, deformadas y desaparecidas y yo no entendía el cómo ni el porqué. Luego fui entendiendo que una de las causas era porque no podían dar hijos y a veces las suegras las matan y las queman y las desaparecen para que el hijo se pueda volver a casar. De repente puede verse cómo para muchas mujeres el asunto del feticidio se convierte en una práctica y una solución frente al rechazo de la familia y la comunidad. Por el contrario, mientras que en Occidente la interrupción del embarazo ha sido planteada como un asunto de derecho y de posibilidad, en otros países se convierte en una imposición social de las propias mujeres hacia las mujeres como un recurso para tener hijos hombres. Finalmente, una misma práctica puede ser usada en contra de las mujeres mismas. Y la culpa siempre recae en las mujeres.

Otra mujer comenta:

> En mi país, en el programa en el que yo trabajo se les da becas a las niñas para que las dejen ir al escuela; aquí no las matan, pero no las mandan a la escuela, porque consideran que ¿para qué van a aprender si van a trabajar?

Una socióloga cuenta su experiencia en unos pueblos de Veracruz:

> Realicé una investigación para averiguar por qué no estudiaban las niñas a pesar de tener el programa Oportunidades en las que les daban una beca para que las chicas estudiaran. Una niña me dijo algo como muy emblemático: «Mi vida es cortar tomates, o sea, a mí no me hace sentido la escuela, lo que me hace sentido es cortar tomates», porque solamente tiene la posibilidad, digamos de divertirse, de conseguir pareja, de vivir, mientras cortan tomate. Una vez que se consiguen pareja, se vuelven dentro del hogar y ya no pueden trabajar, o sea, ya viven a través de los hombres en esa localidad.

Hablo con una mujer mexicana que trabaja con jóvenes para que sean promotoras y promotores en derechos sexuales y reproductivos en sus comunidades. Su formación dura dos años y luego van a su comunidad a dar charlas en las escuelas:

Se vende a las mujeres jóvenes a 35000 pesos ahí en una comunidad. La población se ha empobrecido y se ha infiltrado una red de trata de personas; ellos seducen a las chicas diciéndoles que las van a llevar a la ciudad y cuando logran tener su confianza las llevan a un burdel. Las mujeres están desapareciendo.

Hablo también con hombres, que trabajan con hombres en comunidades, con un enfoque de masculinidades:

En algunas comunidades hay redes ya muy estructuradas de hombres que se vuelven *padrotes*[20] y que enseñan a otros hombres a ser *padrotes*, con técnicas desde muy violentas, como puede ser robo o rapto, hasta técnicas ya mucho más sofisticadas en donde enamoran a las chicas y a través de una seducción las explotan sexualmente. Entonces, bueno, estamos trabajando con varias organizaciones para hacer campañas, justo para tratar de evitar como que los hombres aspiren a ser *padrotes*; porque a los chicos de secundaria les preguntan y quieren ser *padrotes*, pues es muy seductor de estos estereotipos de género que tienen dinero, tienen mujeres, tienen coches y se convierte como en un modo de vida.

EL MALTRATO RELACIONAL

10. Aprendizaje y desarrollo del modelo: lo visible y lo invisible

Las relaciones de poder dominio-sumisión que se aprenden en el modelo social se reproducen no solo en las relaciones entre hombres y mujeres –en las que se basa el sistema social como modelo «normalizado»–, sino también en las relaciones entre hombres, así como en las relaciones entre mujeres. Es el modelo que hemos aprendido: o eres más o menos como las otras personas, o dominas o te dominan, o eres dominante o eres víctima.

Ver cómo se ejerce ese maltrato es fácil, en especial cuando la violencia es **visible** e implica el daño físico o la muerte. Tenemos miles de ejemplos de maltrato en los noticieros, especialmente en las relaciones de pareja:

- mujeres indias a las que les rocían la cara o el cuerpo con ácido y las desfiguran.

- mujeres muertas a manos de sus parejas, que en ocasiones matan también a sus hijos e hijas.

Es más difícil detectar el maltrato cuando se trata de un daño psíquico, sutil; en esos casos, muchas veces queda **invisibilizado**, aunque nuestro cuerpo de una u otra manera lo registra. Así, la humillación, la desvalorización, el insulto..., cuando se ejerce el control, o el aislamiento en la pareja haciendo que corte con sus lazos afectivos.

Mi abuelo, al que yo adoraba, me contaba historias y me cantaba canciones de la época –coplas, zarzuelas–. Pero, de todas las canciones, había una en especial –muy famosa por entonces, que se oía continuamente en la radio– que a mí no me gustaba, me generaba un cierto malestar. Pero evidentemente con los 4 o 5 años que yo tenía por entonces, no sabía identificarlo o entender el porqué. Ahora lo entiendo. Solo me cantaba una estrofa de la canción o, al menos, eso es lo que recuerdo:

> M.ª Manuela, ¿me escuchas?
> yo de vestidos no entiendo, pero...
> ¿de verdad te gusta ese que te estás poniendo
> tan fino, tan transparente,
> tan escaso y tan ceñido...
> que a lo mejor por la calle,
> te vas a morir de frío [...]?

Cantamos las coplas –las canciones–, como hoy cantamos también letras nefastas a un ritmo bailable que nos encanta, invisibilizando la letra, como si no la escucháramos, pero interiorizándola. Es posible que, aun siendo muy pequeña, no me identificase con la protagonista de la historia; no me gustaba esa insinuación sutil de mandato, a la que yo no estaba acostumbrada, pero seguramente sentía que ese era el mundo de los mayores, y que eran mandatos que quizás yo tendría que asumir. Desde entonces, no había vuelto a escuchar esa canción, y ahora he querido buscarla para ver la letra y si ello me ayudaba a entender. Para sorpresa mía, la canción tiene párrafos como estos:

> Te sienta que eres un cromo,
> pero cámbiate de ropa,
> si es un instante, lo justo
> mientras me tomo esta copa.
> Ponte el de cuello cerrao
> que te está de maravilla
> y que te llega dos cuartas
> por bajo de la rodilla.
>
> Pero antes de que te vistas
> coge un poco de agua clara
> y afuera los melinotes
> que te embadurnan la cara;
> ni más carmín, ni más cremas,
> ni más tintes en el pelo;

no te aguanto más colores
que los que te puso el cielo.

Se acabó enseñar las piernas,
y los brazos, y el escote,
y el rostro no te lo pintes
ni aunque te salga bigote;
que te hizo Dios tan hermosa
como una rosa temprana
y se va a enfadar contigo
por enmendarle la plana.

Ni más zapatos de Gilda,
ni más turbantes de raso;
para presumir te sobra
con cogerte de mi brazo;
y como un día te vea
que enciendes un cigarrillo
vas a echar, entrañas mías,
el humo por los tobillos.

Se conforma mi niña con un vestío
y le basta y le sobra con un marío.
De percal que se ponga,
¡viva el salero!,
es mi María Manuela
la reina del mundo entero.[21]

Como se verá, se empieza por una sugerencia –que se quite el vestido porque tendrá frío–, para luego pasar a frases imperativas, como órdenes: cómo tiene que ir vestida, peinada, qué quitarse y qué ponerse. Y finalmente se le da el «premio» del halago, el amor del marido si hace lo que él quiere –es una mujer salerosa y la reina del mundo entero–. Se la quiere porque obedece.

Según Inés Alberdí,[22] cuando se recurre a la violencia, no se desea romper con la mujer a la que se maltrata, sino apretar el lazo que la sujeta. Se trata de obligarla a un comportamiento determinado, a una sumisión sin escapatoria. Esta violencia se acompaña de mecanismos psicológicos de manipulación para que las mujeres acepten su situación subordinada y vuelvan a ver al hombre como a su amo y señor.[23]

11. Momentos históricos y nuevas modalidades

Cada **momento histórico presenta modalidades de maltrato, de violencia,** si bien el contexto es el mismo.

Hace años, cuando se crearon los bingos, llegaron a las consultas casos de ludopatía en personas mayores que iban a los centros de jubilados. Los familiares los reñían porque perdían el dinero, jugando compulsivamente; y a su vez, ellas y ellos –yo vi más mujeres, frustradas en su vida, sin aliciente– se sentían culpables, se sentían mal.

Actualmente están apareciendo en la consulta otros casos, sobre todo entre la gente joven. Se está produciendo una *modalidad de violencia y control sutil* –y no tan sutil–: a través del *WhatsApp,* con el *móvil* (llamadas para ver dónde y con quién estás).

Son varios los factores que intervienen a nivel personal:

- la **resistencia a la frustración** (no aceptar la frustración);

- la **necesidad de satisfacción inmediata de los deseos**;

- esto genera un **pensamiento obsesivo** y una **ansiedad** que no saben manejarse, y

- esa ansiedad, a veces, desemboca en una **respuesta violenta**.

En estos momentos, uno de los instrumentos relacionales de control y maltrato es el móvil. Sirve no solo para el **control**, sino también para el **acoso escolar**, y asimismo en las **redes sociales**. A través de él se controla, se filman las palizas que se le da a un compañero o compañera en la escuela, se cuelga la paliza o la humillación en Facebook para que la gente se pueda divertir con el dolor ajeno, o para que tenga miedo y se deje someter frente a quien tiene el poder, el poder de golpear, de humillar, de filmar.

EL MALTRATO PERSONAL E INTERNO

12. La interiorización del modelo

Pero si es difícil, en ocasiones, ver la violencia sutil, social y en las relaciones, mucho más difícil es reconocer el maltrato que nos ejercemos personalmente: *la violencia interna, cómo hemos interiorizado el modelo social* que nos dificulta salir de él aunque teóricamente lo rechacemos, lo critiquemos; cómo nos colocamos en situaciones de violencia porque sin querer reproducimos valores, roles que nos sitúan en los malos tratos y en la espiral laberíntica de la violencia.

Teóricamente es un absurdo, todas y todos queremos estar bien y ser felices; sin embargo, nos maltratamos. El maltrato, en todas sus formas, hiere y destruye al interiorizarse, incorporándolo como propio y naturalizado.

Para entender esto, hay que tener en cuenta cómo hemos construido subjetivamente nuestra identidad y los vínculos afectivos y relacionales.

En la construcción de la identidad y de los vínculos afectivos hay toda una serie de elementos que están interactuando –en esas tres dimensiones de las que hablo a lo largo de todo el libro– y que tenemos que conocer para poder comprender y poder cambiar. Entre estos: la **autopercepción** –cómo me veo, cómo creo que soy–, nuestras creencias –por ejemplo, una creencia de género: «una mujer nunca está mejor sola»–, los **guiones de vida**, o patrones de comportamiento que construimos, basados en nuestras **creencias**; la conciencia de tener –o no– un **espacio personal**, una vida propia que nos pertenece y que merecemos –o no– estar bien; nuestra **fantasía de lo que es un vínculo**, cuáles son nuestras **expectativas** de cómo debería comportarse una pareja, qué **tipo de pareja estamos estructurando**, cómo negociamos internamente qué tipo de pareja queremos, cómo negociarlo con la pareja; cómo despedirnos –hacer el **duelo**– de aquello que no nos va bien, cómo manejamos las **emociones**, etcétera.

Nos construimos de manera particular. «Además del contexto sociocultural en donde aprendemos valores, y valores de género, creencias, a través de agentes sociales –la familia es un agente fundamental en la socialización–, la manera en que aprendemos a vincularnos está muy ligada a nuestra infancia, al vínculo que hemos establecido con nuestras primeras figuras de maternaje y paternaje, los vínculos primarios establecidos, que es lo que se ha llamado un vínculo de apego. La construcción del vínculo afectivo se estructura en los primeros años de vida en relación con las figuras primarias, en un inicio, fundamentalmente a través del lenguaje del cuerpo y de las emociones.

»El bebé aprende a conocer el mundo y a relacionarse con él mediante los sentidos y el lenguaje del cuerpo. Un bebé no entiende conceptos, entiende de sensaciones corporales, de experiencias que le generan bienestar o malestar, y su forma de intercomunicarse es mediante el lenguaje del cuerpo propio y el de los demás. El cómo se le toca, el tono de la voz con el que se le habla, los gritos del ambiente familiar, o la armonía, la presencia o ausencia de las figuras de apego y el contacto no solo físico, sino también energético que se intercambia.»[24]

Por lo tanto, en la infancia construimos nuestra manera de autopercibirnos, vincularnos, desarrollamos creencias y valores. Cuando hemos vivido directa o indirectamente maltrato, eso queda como una impronta en nuestra vida, y fácilmente nos maltratamos.

Y por otra parte, las creencias, valores, roles, etcétera, de género se mantienen desde todos los ámbitos de lo social, a veces de manera imperceptible, estructurándolos y reforzándolos.

Una buena parte de este maltrato se interioriza, desde la violencia de género, y especialmente afecta a las mujeres, que

asumen su desvalorización –de género– de manera inconsciente. Pueden haber construido su identidad con la creencia
de que no valen, no merecen ser queridas, o se sienten culpables.

En la valoración de su autopercepción corporal, a las mujeres y los hombres que aparecen en los libros *Diálogos de
mujeres sabias*[25] y *Hombres con corazón*,[26] cuando se les pregunta, en la segunda mitad de su vida, cómo se perciben físicamente, la diferencia que se constata entre ambos grupos
es básicamente de género. Los hombres se sienten bien con
ellos mismos y reconocen que, con la edad, van perdiendo en
unos aspectos, pero ganando en otros. Mientras que, en general, las mujeres interiorizan el modelo social y se asocia la valoración a responder o no al modelo físico y sexual socialmente propuesto.

Pero eso no ocurre así en esas mujeres porque son más mayores, sino que sucede a cualquier edad. Las mujeres asumen
la desvalorización social; por lo tanto, el no gustarse, o el poner la expectativa en responder a un modelo fisico-sexual ima-
ginado, hace que se maltraten. ¿Cómo?:

Estando excesivamente preocupada por el físico: el peso, el
vientre plano, el tamaño de los pechos, de las nalgas, la flaci-
dez, las arrugas..., lo que lleva a problemas de la alimentación –por ejemplo, la anorexia–, la desvalorización del cuerpo

–que se relaciona con su desvalorización como mujer–, con lo que, las que pueden, pasan por operaciones de cirugía estética para cambiar su pecho, nariz, boca, nalgas... ¿Cambiarse enteras...? Esa es una forma de negarse y maltratarse a través del cuerpo. Por supuesto, todo ello reforzado por los medios de comunicación y el consumo.

Recientemente he leído algunas noticias que me han sorprendido, en esa línea: chicas adolescentes de 14 años que piden como «regalo de cumpleaños» una operación para aumentar su pecho; mujeres que se están amputando el dedo meñique del pie para poder llevar zapatos de punta de aguja; mujeres que se extirpan la última costilla flotante para tener una cintura de «avispa»...

Pero, sin llegar a esos extremos, siempre veo la desvalorización cuando en los grupos trabajamos la percepción corporal.

Y hay otras formas de interiorización y reproducción del maltrato personal, como la somatización de dolores corporales y la ingesta de pastillas para evitar el dolor, sin entender que muchos de esos dolores del cuerpo son los dolores del alma; son la expresión del malestar de lo que viven, en un desconocimiento de la relación mente-espíritu-cuerpo, como dirían algunos/as, o la unidad biopsicosociosexual.

Para ver esta relación, propuse un proyecto: trabajar con talleres teórico-prácticos, vivenciales, con un grupo de psiquiatras y el equipo de Salud Mental en Aldaya (Valencia) y el mismo contenido y metodología, con sus pacientes, nueve mujeres muy medicadas durante años, que eran usuarias de los Centros de Salud Mental de Aldaya y Torrent, de Valencia. La psiquiatra María Huertas,[27] vinculada a este proyecto, resume así los objetivos que nos propusimos:

Fomentar su autonomía, capacidades, y valoración tanto individual como de grupo genérico por medio de su autoconocimiento somático y emocional. Establecimiento de cauces participativos que condujeran al abordaje de conflictos comunes y a su paulatina superación. Movilización de recursos personales y aprendizaje de técnicas que permitieran la desmedicalización progresiva y el rechazo de «sentimiento de enfermedad», para poder reconocerse competentes en sus actividades y estimuladas a iniciar otras más gratificantes y deseadas por ellas.[28]

Es decir, lo que se pretendía era **visibilizar, reconocer la relación entre los malestares psicofísicos que presentaban las mujeres y su relación con su vida cotidiana**, es decir, con cómo sentían, pensaban y actuaban en relación a lo que les gustaba o no de sus vidas, lo que no se atrevían a cambiar, lo que cambiaban... En última instancia, se pretendía ver la **relación entre malestar y género**. A medida que entendían y cambiaban sus vidas, se encontraban mejor, se les fue reduciendo o quitando la medicación, aconsejadas por sus psiquiatras. A seis mujeres se les dio el alta clínica al cabo de poco tiempo, a otra, tras unos meses, y otras dos mantuvieron el tratamiento psicoterapéutico, *«pero con una perspectiva de sí mismas que les ha permitido cambiar aspectos de su vida y de sus relaciones».*[29]

Dado el resultado de estos talleres, parte del equipo de Salud Mental que asistió a ellos, funcionando como *multiplicadoras sociales*, los realizaron sistemáticamente –con una frecuencia de tres al año–, durante dos décadas.

Otra de las experiencias al respecto la he visto en un proyecto que se ha realizado en el Centro de Atención Primaria de Natahoyo (Gijón, Asturias). Como se sabe, el mayor número de personas usuarias de los Centros de Atención Primaria son mujeres; mujeres que viven y se quejan de múltiples dolores y malestares específicos e inespecíficos. Normalmente, no entienden qué les ocurre, y tampoco muchos y muchas profesionales. Las mujeres van de consulta en consulta, derivadas y medicadas, con una cronificación de sus malestares. Este trabajo, por su amplitud y duración, y por sus consecuencias, se detalla en el apartado de los «Proyectos de amor» de este libro.

PARTE II

DEL MALTRATO AL BUENTRATO

13. La ira, la violencia y la violencia de género

Como voy a ir comentando a lo largo del libro, todo está interrelacionado: maltrato y buentrato y las diferentes dimensiones de ambos conceptos; sin embargo, me gustaría incluir en esta parte determinados aspectos que, igualmente pertenecen a ambos conceptos, que subyacen todo el tiempo, de forma muy invisibilizada, y que explican ciertos comportamientos que se orientan a uno u otro polo.

Aunque en el apartado de maltrato social he hablado de la violencia de género, quiero hacer hincapié en unas distinciones que, cuando no se tienen claras, generan confusión.

Al hablar del tema de la violencia de género, hay personas que dicen: «Pero las mujeres también son violentas...». Efectivamente, todos y todas podríamos ser violentos o violentas. Entonces, ¿de qué estamos hablando?

La ira

La ira es una emoción. Todas **las emociones forman parte del ser humano**, mujeres y hombres, niños y niñas, a lo largo de toda la vida.

Las emociones son manifestaciones de energía, constituyen formas de expresión del lenguaje del cuerpo. Nos ayudan, si aprendemos a escucharlas, como una *forma de autoconocimiento*, a entender nuestra relación con el medio. Algo que pensamos, que sentimos, nos genera alegría, tristeza, enfado, miedo... Pero también lo que alguien nos dice, un gesto, una palabra, una acción, o algo que podemos ver, escuchar... en nuestro entorno. Todo eso nos genera emociones y, de alguna manera, nos indica cómo nos sentimos; nos ayudan a entender qué nos ocurre, cómo hemos vivido tal palabra, gesto o experiencia.

Existe un lenguaje corporal de las emociones. *Cada emoción tiene un cuerpo,* una expresión corporal, una respiración, unas sensaciones corporales distintas.

No son ni buenas ni malas, pero se sienten en el cuerpo y generan estados de ánimo distintos. Generan sensaciones corporales, que podríamos llamar de *bienestar* o de *malestar*; relacionadas con la tensión o relajación muscular, con una respiración amplia o superficial, o contenida; nos sentimos con apertura, o a la defensiva, con cierre...

Por lo tanto, tienen una **repercusión** también **en la salud**, especialmente la ira, ansiedad y depresión, que tienen una incidencia negativa sobre esta, sobre todo si se mantienen de manera intensa y prolongada; mientras que la ecuanimidad y el optimismo afectan más positivamente a la salud.[30]

Pero no solo nos afectan a las personas que las experimentamos, sino que **también afectan a las relaciones**. Lo que sentimos emocionalmente tiene una resonancia en la otra persona y, por lo tanto, en la relación.

Me voy a centrar en una de las emociones humanas, la que llamamos cólera o **la ira**. Se genera cuando algo nos molesta y la sentimos como enfado, rabia. Cuando la sentimos, podemos reconocer que algo nos ha molestado, nos ha enfadado.

Cuando alguien dice o hace algo que nos hace enojar, sufrimos. Tendemos a decir o hacer algo en respuesta para hacerle sufrir con la esperanza de que suframos menos.[31]

La violencia

La ira –como todas las emociones– **se puede transformar**, se puede canalizar esa energía, **para que no nos haga daño**, y **para no hacer daño** a la otra persona.

Pero cuando no sabemos manejarla, como nos genera malestar, tendemos a querer soltarla, afuera, al otro, a la otra, a los demás, y especialmente cuando creemos que el otro o la otra nos ha causado el malestar. Y entonces *la soltamos en forma de violencia* en cualquiera de sus formas.

La violencia es una manifestación de daño físico o psíquico. Tiene el objetivo –consciente o no– de dañar, de destruir a la otra persona, de vengarnos, o de dañarla a tal extremo que experimente lo que experimentamos o más. Se utiliza como una forma de castigo. Esa cólera o rabia llevada al extremo genera un maltrato o una violencia con daño psíquico o físico, a veces hasta la muerte.

> Cuando haces sufrir a otra persona, ésta intentará
> encontrar alivio haciéndote sufrir más. Y el resultado
> es que vuestro sufrimiento irá aumentando.»[32]

La violencia, el maltrato, daña, destruye y también nos destruye; tanto cuando se ejerce hacia los demás, como hacia nosotros/as mismos/as. Por lo tanto, *hemos de aprender a manejar la ira, para que no se convierta en una acción de violencia que daña psíquica y físicamente*. Eso debería enseñarse, como una forma de autoconocimiento, y de práctica saludable, en la escuela y la familia, desde la infancia. Y nos corresponde a cada quien practicarlo a lo largo de la vida.

La violencia de género

Entonces, ¿qué es la violencia de género? ¿Qué diferencia hay entre violencia y violencia de género?

La violencia es un acto que podemos cometer las personas, cuando no sabemos manejar las emociones, cuando no sabemos transformar la ira. Por lo tanto, se requiere de un aprendizaje personal. Para aprender a manejar la ira y no generar violencia, se puede aprender a reconocerla, a respirarla, a integrarla, a darnos el tiempo para manejarla y para poder resolver el conflicto que nos causa –la ira nos conecta con nuestro malestar–, reflexionando sobre ello, hablándolo con la persona con la que mantenemos un conflicto, etcétera. Podemos sentir ira y, manejándola, no ejercer violencia.

Así pues, **la violencia de género es una violencia estructural**, es la base de un sistema social que divide a las personas en géneros dicotomizados y jerarquizados y mantiene la estructura por la violencia.

Joan Vendrell[33] considera que el género en sí mismo implica violencia:

> El género supone violencia; es más, es en sí mismo una forma de violencia, de una violencia que se ha ido perpetuando [...] enquistada en una estructura, en un orden determinado.

El género, contemplado como acontecimiento singular, y por lo tanto histórico, es desde el principio y por definición asimétrico, es la imposición de una asimetría fundamental en los grupos humanos por medio de la violencia. El género es asimetría en sí mismo y violencia en sí mismo, y sería mejor llamarlo sistema de dominación masculina, ya que es el polo masculino el que asegura el orden asimétrico de género por medio de la violencia cuyo uso legítimo se reserva.[34]

Esa violencia se ejerce y se mantiene en todas sus formas: psicológica, física, simbólica, económica, etcétera, y se ejerce de modo distinto en según qué sociedades y momentos históricos.

En las sociedades que podríamos llamar «**tradicionales**», el uso de la violencia está institucionalizado.

Las correcciones necesarias son aplicadas dentro de la legitimidad social y cultural vigente, y lo son por parte de aquellos legitimados para ello: padres, maridos, hermanos, a veces también la madre, o el tío... El resto del grupo no se inmiscuye. [...] Los castigos pueden ser de muy diversos tipos. [...] Se trata, entonces, de una violencia social, en el sentido de ejercida por sus detentadores en nombre del cuerpo social en su conjunto, amenazado por los comportamientos de algunos de sus miembros. Una vez ejercida esa violencia, se espera que regrese la «normalidad».[35]

Sin embargo, hay que tener en cuenta que, en estas sociedades, también se le da ese papel de autoridad a algunas mujeres de la comunidad, como he comentado anteriormente en relación a las comunidades rurales de la India, o que mantienen el orden establecido que ejerce violencia contra las mujeres –paradójicamente, también contra ellas mismas, porque también son mujeres– en forma de ritos, como las diversas variantes de mutilación femenina.

Mientras que, en relación a las **sociedades contemporáneas**, o modernas, la violencia no se ejerce de la misma manera, puesto que no se puede justificar la violencia patriarcal, de la manera en que es ejercida en las sociedades tradicionales, que la consideran legitimizada y naturalizada. Se ejerce de otra forma.

Si el antiguo patriarcado encontraba su legitimación en cosmovisiones de carácter religioso, el nuevo machismo lo va a encontrar en nuevos saberes y en nuevas tecnologías: las ciencias, y en especial la medicina y sus derivados, van a jugar un papel destacadísimo a la hora de proveer nuevas legitimaciones, y junto con ellas veremos la aparición de todo un mundo de «expertos» dedicados primordialmente a la corrección de las disfunciones del sistema. La violencia, entonces, deviene «machista» [...], se recrudece y se incrementa. De igual modo lo hacen las profesiones y las «terapias» encargadas de ponerle coto [...] Se la desplaza entonces hacia el ámbito de los «locos» y los «criminales», de los «violentos», los «machistas», los «homófobos», los «asesinos seriales», los «psicópatas» y toda una amplia panoplia de personajes cuya función principal vista desde la perspectiva del orden social, es la de contribuir a su preservación. [...] entonces, la violencia que ahora llamamos de género, ha dejado de ser legítima. No puede ser obra de personas, mayormente de hombres «normales». [...] sin embargo, ahí está, porque el sistema la sigue necesitando para su preservación. Los crímenes de todo tipo contra mujeres, hombres feminizados, gays, transexuales o trasvestidos, niños, etcétera [...] ahora los vemos como eso, como «crímenes» y los adscribimos a individuos desviados.[36]

Por lo tanto, desviando la atención hacia unos pocos individuos, se invisibiliza la violencia del sistema social y se mantiene la idea de que el sistema es

en esencia armónico, incluso como algo potencialmente igualitario, afectado únicamente por desarreglos y disfunciones menores [...] corregibles por medio de medidas de carácter político, legislativo, judicial, médico, social.[37]

Y con todo ello, el sistema se mantiene...

14. Las heridas emocionales[38]

¿Cuándo y por quién te has sentido herida o herido emocionalmente?

No voy a entrar aquí en el daño físico que puede generar el maltrato y la violencia, sino que quiero centrarme, en este apartado, en el daño subjetivo, la herida que queda como una huella marcada en nuestro corazón.

Tenemos **heridas personales**, cada cual las suyas. Tienen que ver con nuestra historia, marcan nuestra vida. A veces son como heridas sangrantes, otras veces las hemos curado y parece que quedan las cicatrices, y, cuando rascamos en ellas, o nos golpean en la herida, nos duele y a veces nos sangra de nuevo.

Una **herida es un daño que la persona siente como consecuencia de una violencia ajena –manifiesta o sutil–**. También cuando nos desvalorizamos.[39]

Las heridas se producen a través de palabras, gestos, actitudes o comportamientos –por ejemplo, discriminatorios...–, de manera simbólica o sutil, y otras, por un daño físico. Sea como sea, tienen repercusiones en nuestro estado mental, espiritual, emocional, y también en nuestro cuerpo, nuestras sensaciones, en nuestros músculos, etcétera.

Posiblemente, las heridas que más nos marcan son las de nuestra **infancia**, porque no entendemos, no tenemos recursos emocionales ni cognitivos, y no tenemos defensas frente al daño, para rebatirlo, o marcar distancia, o curarlo. Y a la larga puede constituir un guion de vida. Necesitamos sentirnos queridos, reconocidas, escuchados, valoradas..., y cuando consideramos que eso no se da, sentimos desvalorización, que no se nos quiere, y eso nos genera tristeza y también cólera, y tendemos al aislamiento.

En las escuelas se producen muchas heridas, tanto en la infancia como en la adolescencia, por la burla, la humillación o el acoso por parte de algunos compañeros o compañeras que nos llaman: «Gorda», «fea», «gafotas», «orejudo», «tonto», etcétera. ¿Cuántas personas no toleran su cuerpo a partir de esos calificativos que hieren nuestra sensibilidad y por los que nos sentimos rechazadas, ridiculizados, no queridos?

Las heridas que más reconocemos son *las que sentimos que nos produce otra persona*, que es la que percibimos que nos daña. Pero también hay otras, que son *las que nos ejercemos internamente*, de manera inconsciente, interiorizando ese maltrato y asumiéndolo como propio, desvalorizándonos: «No valgo», «Soy tonto», «Nunca conseguiré nada en la vida», «Con este cuerpo, nadie me querrá», «Soy fea», etcétera.

Pero, además, podemos sentir heridas por nuestra **raza, etnia, religión, clase social**, por nuestra **diversidad sexual o diversidad mental o funcional**. Así, se puede añadir a «ser tonto», ser «negro», «mariquita», «cojo», «sudaca»,[40] «muerto de hambre»,[41] y un largo etcétera a las características personales: «cegato»,[42] «orejudo»... y otras heridas que se producen particularmente en el ámbito familiar, en la pandilla, en el barrio..., y en los acontecimientos vitales de cada cual.

También están las **heridas históricas**, cuando nos sentimos identificadas/os con un colectivo que ha sido agredido por otro, e identificamos a las personas con ese colectivo agresor, aunque no tengan nada que ver, o incluso estén en contra. Por ejemplo, es muy fácil ver cómo sale esa herida histórica cuando se viaja a algún país latinoamericano, donde pueden identificar a una persona española con la «conquista española», o cuando se ha asociado, en muchos país, al pueblo alemán con el Holocausto.

Es importante, en lo social, pedir perdón y reparar el daño –en la medida de lo que es ya posible– para que las heridas se puedan cerrar y no queden permanentemente abiertas. Tenemos ejemplos como el de la Memoria Histórica, en España, donde todavía se están reivindicando los cuerpos de la Guerra Civil española de 1936-1939; las supervivientes esclavas sexuales coreanas en relación a Japón; o el actual proceso de paz que se está negociando en Colombia.

Pero dentro de las agresiones, maltratos que podemos vivir, como personas y colectivos concretos, existen otras heridas, que afectan a las mujeres, por el hecho de ser mujeres, y son las **heridas de género**.[43] Son como heridas históricas antiguas pero vigentes; son heridas que se generan y mantienen con el patriarcado. Es decir, al vivir en una sociedad patriarcal, las mujeres viven y sienten que valen menos. Eso es lo que se transmite y se interioriza.

Esas heridas se acumulan. Así: vale más un hombre blanco –desde la perspectiva del sistema social– que un hombre negro –colectivo discriminado y vivido como inferior–, pero entre un hombre negro y una mujer negra, vale más un hombre negro que una mujer negra porque, en última instancia, dentro del sistema social, un hombre vale más que una mujer.

Las heridas emocionales generan dolor. Quedan incrustadas en nuestro cuerpo y en nuestro corazón, en nuestro espíritu.

Las heridas **se asocian a emociones que generan malestar**, como la tristeza, el miedo, la cólera. Van generando **creencias** profundas, «acuerdos» inconscientes con las opiniones o creencias que los demás tienen de nosotros/as; y algunas de ellas las hacemos propias, nos las creemos, y construimos con todo ello un **guion de vida**, que nos daña, nos destruye y puede mantener el círculo de la violencia. Todo ello afecta a nuestra salud, en todas sus áreas, y a nuestra actividad cotidiana.

Cuando se toca nuestra herida, cuando alguien abre nuestra herida, generamos una reacción emocional. Es como: «¡Y tú más!». Como he comentado en el apartado anterior, es como si quisiéramos liberarnos de nuestro malestar, agrediendo a la otra persona. Con lo que las heridas de ambas personas se abren, y se abre y se mantiene el círculo de la violencia.

> *¿Cómo curar las heridas para no generar una **reactividad emocional**?*

> *¿Cómo curas tus heridas?*

De ahí la importancia de que, **para restituir las relaciones de paz, tengamos que tomar conciencia de nuestras heridas**, para luego trabajar **los duelos**, **el perdón y la resiliencia**. A veces se tiene que hacer personalmente, pero sobre todo en una relación de ayuda terapéutica, o lo que se considera una «mano amiga»; también las sociedades, las instituciones tienen la responsabilidad de proponer medidas reparadoras.

¿Cómo reparar el daño –por lo que han hecho, por lo que les han hecho, por lo vivido–, por ejemplo, de los niños-soldados, arrebatados de sus casas para la guerra?

Actualmente estamos viviendo las negociaciones de paz para que concluya la guerra en Colombia. Uno de los puntos es el de reparar el daño a las víctimas. Por supuesto que hay que pedirles perdón por el daño causado, pero luego, ¿cómo reparar lo dañado?, ¿cómo curar las heridas de una violación, mutilación, muerte de seres queridos...?

Pero si no pedimos perdón, y tratamos de reparar el daño, la guerra continúa...

PARTE III

EL MODELO DE BUENTRATO:
el buen trato y el buentrato

15. El buentrato: un concepto por desarrollar

Sin dejar de hablar del maltrato, y abordarlo de todas las maneras posibles en cada ocasión que se produzca, tenemos que empezar a enfocar a la vez la mirada en una alternativa posible: el buentrato. ¿Qué es el buentrato? Hablamos de este concepto, pero muchas veces no sabemos concretarlo. ¿Qué es bientratar?

Si queremos dejar el modelo de maltrato, hay que tener otro modelo alternativo. Habría que crear otro concepto, otros contenidos, valores y comportamientos: el modelo de buentrato.

> *¿Qué es para ti el buentrato?*

Y luego pregúntate:

> *¿Cuándo y cómo te has sentido bientratada/o?*

> *¿Cuándo y cómo has bientratado a alguien?*

El buentrato es el polo opuesto al maltrato. Son los polos de un mismo eje.

Maltrato ---------------+---------------- **Buentrato**

Sin embargo, si bien nos es muy fácil reconocer el mal trato entre las personas, y su consecuencia: el maltrato, no nos es fácil definir lo que es el buen trato, pero sobre todo su consecuencia: el buentrato.

Hacemos lo que sabemos hacer, lo que hemos aprendido, lo que hemos percibido como «normal» en las relaciones. Pero si no hay modelo alternativo, nos encontramos como en una caída al vacío. O hago lo que sé hacer, o es la nada. Para poder cambiar, para poder elegir entre formas de comportamiento, tiene que haber al menos dos modelos, para comparar, para experimentar, para decidir.

Pero, en primer lugar, en nuestro lenguaje, en nuestro vocabulario existe el verbo «maltratar», que podemos conjugar perfectamente –yo maltrato, tú maltratas, nosotros maltratamos...–, y el sustantivo –«maltrato»–, como consecuencia visible o sutil de ese comportamiento.

Pero *no existe el verbo bientratar*; por lo tanto, no lo conjugamos y, por supuesto, no existe el sustantivo consecuencia de esa acción. No existe el concepto «buentrato». Existe el verbo tratar.[44]

* *Tratar:*

    Tratar bien /o mal/ a alguien: Hacer objeto a la persona de que se trata de consideración o atenciones o lo contrario.

* *Maltratar:* 1. Insultar, golpear o tratar de modo que se les causa daño a las personas o las cosas, con intención o por descuido.

* *Maltrato:* Acción y efecto de maltratar.

Pero no consta un antónimo expresado en una única palabra.

Lo que no tiene nombre no parece tener existencia, solo existe lo que se nombra. Pero eso que se nombra, la palabra, surge de la experiencia de vida, y de la experiencia de vida comunitaria.

Algo que existe tiene nombre; por el contrario, lo que no existe, no lo tiene. Por ejemplo, hay palabras en sánscrito que no tienen una traducción en nuestro vocabulario porque describen ciertas experiencias espirituales que no forman parte de nuestra cultura y las desconocemos, por lo que tampoco las nombramos. O, por ejemplo, la palabra «maituna» expresa un proceso de acercamiento amoroso, ritualizado, dentro de la tradición tántrica. Eso no existe en nuestra tradición y, por lo tanto, no tenemos palabra para una experiencia similar porque la desconocemos.

Así pues, para trabajar con otro modelo, el *buentrato*, hay que crear la palabra, el verbo, y darle un contenido. Hay que crear otro modelo de relación. Pero ¿cómo se hace eso si no sabemos concretarlo, si no tenemos referentes?

Es difícil entender lo que no se ha experimentado; se puede tratar de entender a nivel intelectual, pero no está integrado emocionalmente. Para entenderlo de manera íntegra, hay que crear las experiencias, y experimentar, para percibir y percibirnos; las experiencias que permitan poder distinguir cómo se vive en un modelo y en otro. O si se ha experimentado, ponerle nombre, nombrarlo.

Utilizo el concepto de «buentrato» como una forma de expresión del respeto y amor que merecemos y que podemos manifestar en nuestro entorno, como un **deseo de vivir en paz, armonía, equilibrio, de desarrollarnos en salud, bienestar y goce.** Por supuesto que en la vida hay momentos alegres y tristes, felices y duros, difíciles; pero en la medida en que podemos, tratamos de poner nuestra energía, nuestra intención en el bienestar, en la felicidad propia y del mundo que nos rodea.

El concepto de buentrato parte del concepto del amor.

16. Dimensiones del buentrato

En general, tenemos claro qué es el maltrato y podemos concretarlo fácilmente, pero ¿qué es el buentrato?, ¿cómo se concreta?

Maltrato ----------------+---------------- Buentrato
• Social
• Relacional   ?
• Personal (*individual, interna*)

El modelo de buentrato tiene, al igual que el de maltrato, tres dimensiones: la dimensión social, relacional y personal (individual, interna).

Maltrato ----------------+---------------- Buentrato	
• Social	• Social
• Relacional	• Relacional
• Personal (*individual, interna*)	• Personal (*individual, interna*)

Para crear un nuevo modelo hay que incidir en todas ellas:

- Dimensión *social*. Habría que cambiar la estructura de relación de poder por: relaciones de igualdad, con respeto a las diferencias. Consecuentemente, hay que cambiar los valores y desarrollar aquellos que favorezcan el buentrato en vez de la violencia; por ejemplo, valores como la cooperación, la solidaridad, la negociación, etcétera.

- Dimensión *relacional*. Las personas han de relacionarse y vincularse desde la horizontalidad, es decir, desde la igualdad; y aprender a llegar a acuerdos, a negociar.

- Dimensión *personal*. Aprender a colocarse internamente en relaciones de paz; aprender a negociar también consigo misma/o.

17. Iniciarse en la experiencia: unas prácticas sencillas de buentrato

Para empezar a entender y practicar en la vida cotidiana lo que es el buentrato, enseño en los grupos unas prácticas muy sencillas que llevamos a cabo durante toda la formación o proceso grupal, y que ya describí en el libro *Los vínculos amorosos*.[45] Voy a citar tan solo las tres prácticas más sencillas:

1. Aprender a cuidarse
2. El desarrollo del cuidado mutuo
3. La construcción de una familia afectiva

Aprender a cuidarse: Es el buen trato en la dimensión personal, individual, interna. Implica el reconocimiento de una/o misma/o, el derecho a estar bien, al bienestar. Para ello hay que aprender a escucharse, escuchar el cuerpo, las sensaciones, las emociones, los pensamientos; distinguir las sensaciones de bienestar y de malestar y hacer un **compromiso personal por el bienestar**.

Evidentemente, no siempre en la vida se puede. Hay situaciones difíciles que en ocasiones tenemos que afrontar y atravesar, como por ejemplo, las pérdidas, despedidas, o enfermedades. Pero en aquello en que podamos decidir e incidir en nuestro bienestar, nos comprometemos a ello.

Como una cosa es la teoría y otra la práctica, aunque en la teoría lo tengamos claro, hay que practicarlo en el día a día. De ahí que incorporemos un ejercicio que se llama el «Regalo» y que tiene que ver con el autocuidado. Se propone que en el plazo de una semana –cuando la secuencia de sesiones es semanal–, en algún momento, la persona se escuche y piense «¿Qué me apetece en estos momentos?». Y al imaginarlo, sienta el placer, el bienestar que le genera; que se conceda eso que le apetece y sienta el placer de concedérselo. Y posteriormente, se sienta bien de habérselo concedido.

Se reconocen tres momentos de bienestar: en el antes (al *imaginarlo*), en el durante (en el *acto*), y en el después (el reconocimiento de que *asumo la responsabilidad* de procurarme cosas que me generen bienestar y de *disfrutarlas*).

En esta práctica hay solo dos condiciones:

a) Que lo que me «regalo» dependa exclusivamente de mí y que sea solo para mí.

b) Que me repercuta positivamente, que no me haga daño.

En ese sentido, es **tenerme en cuenta**, y optar **por aquello que pueda decidir y que me genere bienestar**, teniendo presente la realidad –**posibilidades**–, y **no confundirme con darme algo que sea un «regalo envenenado».** Por ejemplo, fumar porque me gusta y me relaja pero sé que me sienta mal, o comprarme algo sin pensar en el dinero que objetivamente me puedo gastar, lo cual me podría causar luego problemas económicos. Solo se entiende por regalo aquello que sé que es bueno para mí, que es posible, y que puedo decidir.[46] Esta práctica se va aprendiendo a hacer gradualmente, prestando atención a nuestras pequeñas decisiones de la vida cotidiana.

Se trata de aprender a **escucharnos** personalmente, **reconocer sensaciones de bienestar** y **procurarnos estar bien** en la medida de lo posible.

Los «regalos» o «cuidados» que nos hacemos son cosas sencillas; pueden ser *materiales* o *espirituales*.

Aunque esta práctica parece muy sencilla, incluso obvia, es interesante ver cómo genera resistencias el tenerse en cuenta, el tratarse bien. A la semana siguiente, revisamos qué «regalos» se han hecho, y la mayoría de las personas no se han regalado nada. Las respuestas más usuales suelen ser:

- *«No me he acordado».*
- *«No he tenido tiempo».*

Esto es especialmente frecuente en las mujeres y tiene que ver con un *aprendizaje de género*. ¿Cómo es posible que en el plazo de una semana no hayan pensado ni unos segundos en sí mismas, ni se hayan dedicado un rato a sí mismas, con conciencia de tratarse bien?

Las mujeres aprenden, frecuentemente, a no tenerse en cuenta, a que lo importante son los demás –hijos e hijas, pareja...–. En última instancia, se aprende la desvalorización. También se asocia el autocuidado al egoísmo, como cuando nos percibimos como generosas –algo que aprende la mujer, desde el mandato de género, es a dar, a nutrir a los demás–, por lo que el autocuidado se puede percibir como algo negativo. Finalmente, suele haber alguna persona que dice que no se ha hecho ningún regalo, específicamente, porque lo que quiere se lo compra; cabe argumentar, en este último caso, que comprarse cosas no es buentrato, es consumismo, y muchas veces es un comportamiento compulsivo. **El buentrato es la práctica, consciente, de hacernos cargo de nuestro propio bienestar a través de cosas pequeñas, que dependen de nosotras/os, y agradecerlas y agradecernos el propio cuidado.**

Poco a poco, las personas de los grupos van entendiendo la propuesta y empiezan a hacerse cargo de sus «cuidados»:

- Hoy he decidido que en vez de una ducha rápida en cinco minutos, *me he duchado tranquilamente, sintiendo el placer del jabón y del agua en el cuerpo.*

- Me he regalado un pequeño *paseo.*

- Cuando me he dado cuenta de que estaba cansada, he decidido *descansar un rato.*

- Me *fui al cine.*

- *Me senté a leer,* que hacía mucho que no lo hacía.

- Llamé por teléfono a mi madre para charlar un rato con ella...

- Salí con mi pareja a pasear...

Y así, van dándose cuenta de que pueden **hacer** pequeñas cosas para sentirse bien, o simplemente permitirse el **estar** bien.

De los ejemplos que he puesto anteriormente, y que suelen ser frecuentes, hay que señalar que los dos últimos, aunque puedan reconocer el placer que les genera el hablar con la madre o pasear con la pareja, no entrarían específicamente en ese apartado del autocuidado porque no dependen únicamente de sí misma/o, sino de otra persona: de que la madre desee también hablar, o la pareja desee también pasear... Por tanto, esos ejemplos, que generan además placer y bienestar, entrarían en otro apartado muy importante de buentrato relacional: el cuidado mutuo.

• • •

El desarrollo del cuidado mutuo.[47] Aprender a cuidarse personalmente y a tratarse bien es imprescindible para el buentrato, pero también lo es el ejercitarlo en las relaciones (dimensión relacional). Es una manera de **dar placer y recibir placer**, de **introducir la práctica del bienestar en las relaciones**. Todas las personas merecemos tratarnos con respeto y cariño y que se nos preste atención y cuidado. Para ello, introducimos una práctica que se llama «Cuidadores/as y cuidadas/os», en donde sistemáticamente una parte del grupo –dos o tres personas– cuida a la otra parte del grupo.

Las personas que cuidan, aprenden –como en la práctica anterior– a disfrutar del goce de cuidar en tres momentos:

- *En el antes* de cuidar, es decir, *en la imaginación* –«¿Qué de lo que me gusta creo que podría gustarle al grupo, podríamos disfrutar conjuntamente?»–. No se trata de dar solo lo que a mí me gusta sin pensar en las otras personas; tampoco en dar a los demás lo que les gusta aunque a mí no me guste. Se trata de **compartir el placer**; ofrecer algo que podamos disfrutar conjuntamente.

Además de imaginarlo, *lo concretamos*: a veces es algo que compramos –por ejemplo, algo de comida para compartir, o un pequeño detalle...–, a veces es algo que hacemos personalmente de manera artesanal, como un pastel, un dibujo, un texto que escribimos... Se disfruta pensando en la alegría que va a causar a las otras personas.

• *En el durante*; es decir, *disfrutamos cuando cuidamos*, viendo la alegría y el placer que hemos procurado.

• *En el después,* sintiendo cómo hemos acertado, empatizado, y sintiendo también *el placer que genera el agradecimiento* de los demás porque se han sentido cuidadas/os.

Todas las personas rotan los roles, es decir, las personas que son cuidadas aprenden también a cuidar; se desarrolla el disfrute de cuidar y de ser cuidadas/os, dos formas de placer que se nutren mutuamente.

Los «cuidados» o «regalos» al grupo pueden ser, como siempre, *materiales o espirituales.*

Esta práctica que **combina roles –aprender a cuidar, a dejarse cuidar**, disfrutar del **cuidado mutuo–**, en la medida en que se integra en el grupo, se extiende a la vida cotidiana, aplicándola –evidentemente, no de igual manera– en la familia, en las amistades, pareja...; en la práctica y en la filosofía de placer que genera el cuidado mutuo, en el preocuparnos mutuamente por nuestro bienestar y sentir que el buen trato genera buentrato como práctica de vida.

• • •

La construcción de una familia afectiva. *La familia afectiva es ese núcleo de personas a las que amamos, por quienes nos sentimos amadas y con quienes vamos estableciendo lazos afectivos a lo largo de nuestra vida*[48] (dimensión social).

Las personas nacemos en una familia biológica, con la que vivimos de una manera más fácil o difícil. ¿Por qué hemos nacido en esa familia? Sea como sea, la familia, nuestra historia con y en la familia, nos obliga a transformarnos, a integrar experiencias, a hacer duelos, a soltar expectativas... porque nuestra familia siempre será nuestra familia, querámoslo o no. Dado que es una realidad en nuestra vida, ¿cómo resituarnos de la mejor manera posible?

Sin embargo, y al margen de nuestra tarea en relación a la familia de origen, tenemos también la opción, siempre, de crearnos una familia afectiva; de **elegir**, a lo largo de nuestra vida, **a las personas con las que sentimos que nos desarrollamos mutuamente, con las que establecemos vínculos afectivos incondicionales y libres**; la amistad entre las personas se elige, se decide, no viene impuesta.

La familia afectiva es una base, un sustento afectivo. Quizás parte de nuestra familia biológica forme parte de nuestra familia afectiva. Y si tenemos pareja, la pareja debería ser también uno de esos miembros de amistad, confianza y desarrollo mutuo, dado que si no la consideráramos como tal, podríamos preguntarnos qué tipo de vínculo tenemos, pues la pareja, al igual que las amistades, constituye un vínculo elegido.

¿Cómo trabajamos este aprendizaje en los grupos?

En primer lugar, hay que tener en cuenta que los grupos en los que trabajamos esto –en los másteres o Grupos de Crecimiento Erótico y Desarrollo Personal– duran dos años. No es un tiempo ni demasiado largo ni demasiado corto, pero suficiente para conocernos.

En segundo lugar, en el grupo podemos hablar y escucharnos sin juicios, sin rechazos, sin críticas; cada persona siente lo que siente, dice lo que siente, y eso tiene que ver con ella, con su momento vital. Podemos pensar o sentir parecido o diferente, pero cada persona es cada cual. Nos escuchamos con respeto. Pero sí que a lo largo del tiempo compartimos semejanzas y diferencias, vivimos y escuchamos de los/as demás sus emociones, sus pensamientos, vemos cómo actúan, sus dificultades, sus procesos –que pueden ser similares a los nuestros–, su manera de resolver los conflictos...

Eso genera acercamientos, personas con las que empatizamos...; y poco a poco se van creando vínculos. Aprendemos a compartir, más o menos, con cada persona. Y se va creando, grupalmente, un espacio de confianza, de respeto y de escucha. Y aprenden a encontrarse bientratados/as en ese espacio, con ese tipo de relaciones y a experimentar la sensación de tranquilidad, acogimiento y bienestar que produce.

Durante un tiempo, perciben la diferencia entre el ambiente y los vínculos relacionales, el trato, dentro del grupo, y el de fuera, el de su vida cotidiana. Y poco a poco, entienden que tienen **la responsabilidad de crearse en su vida cotidiana la familia afectiva que desean, los vínculos de buentrato que generan otra manera de vivir y relacionarse**.

EL BUENTRATO
PERSONAL E INTERNO

18. Buentrato y salud

Empezaré a analizar el buentrato en orden inverso al del maltrato; es decir, de lo personal a lo social. Qué aspectos se tendrían que desarrollar personalmente para relacionarnos de otra manera y hacer propuestas sociales; e introducir nuevos valores que potencien el buentrato social, en la comunidad.

Parto del principio de que **el maltrato genera infelicidad** y que **el buentrato ayuda a ser más felices y genera salud y bienestar**.

Como decíamos en el maltrato, para querernos bien, para bientratarnos, hemos de trabajar en tres niveles o dimensiones: social, relacional e individual. Estas tres dimensiones se interrelacionan.

Aprender a bientratarnos requiere un trabajo personal y colectivo, y no es fácil porque, por una parte, solemos reproducir el automatismo del maltrato aprendido, que funciona como guion de vida. Y, por otra parte, porque hemos de comprender una serie de conocimientos básicos del desarrollo humano, de los procesos emocionales, psíquicos y relacionales, que generalmente desconocemos, y por lo tanto no practicamos, y que deberían enseñarse en las escuelas –y en las familias– como un aprendizaje para la vida, para un crecimiento humano más pleno.

Por supuesto, si hemos tenido la oportunidad de experimentar ese modelo en alguno de los aspectos de nuestra vida, eso ayuda a entender mejor –no intelectualmente, sino con la experiencia– otra manera de estar en el mundo y de relacionarnos.

19. Un poco de historia personal

Yo tuve suerte. A la vez que experimenté lo que era el maltrato en las instituciones y en lo social, también experimenté lo que era el buentrato, en mi casa.

Mis padres jamás discutieron, ni se gritaron ni se pelearon, en los más de cincuenta años que vivieron juntos. Se amaban profundamente y el ambiente de casa era de cariño y respeto, también hacia sus hijos e hijas. Asimismo viví un buen ambiente en mi familia y familia extensa. Me sentí amada y respetada. Mi padre nunca me impuso nada, siempre respetó mis decisiones –estuviera o no de acuerdo conmigo– y fomentó mi propia responsabilidad.

Eso no me impedía ver que, tanto hombres como mujeres, también en mi familia, estaban imbuidos por los roles y valores dominantes, pero supe distinguir que una cosa son los valores interiorizados de un sistema social –que nos afecta a todos/as, de manera inconsciente, a veces sutil e invisibilizada, aceptando creencias «normalizadas»–, y otra cosa es cuando las personas quieren crear otro tipo de valores y comunicación y, en la medida de sus posibilidades, hacen lo que pueden.

Mi padre y mi madre, así como la gente querida que me rodeaba, hicieron lo posible para que viviéramos de acuerdo con nuestras ideas, con nuestra manera de pensar –estuvieran o no de acuerdo con ellas–, y sobre todo para que fuéramos felices asumiendo lo que deseábamos hacer.

No recuerdo un solo día aburrido, ni en mi historia familiar ni en la de mi madre o mi padre. Cada día era diferente e intenso; lo cual, evidentemente, no me evitó tener que hacer los duelos que la vida me colocó delante, al igual que vivir mis propias crisis evolutivas.

Siempre he agradecido a mi familia la oportunidad que experimenté de vivir otro modelo de relaciones, lo cual no me ha impedido –al contrario– ser una mujer feminista, sensible al maltrato, la desigualdad, y proponer otros valores, para un mundo personal y relacional más saludable y más justo que haga de nuestra sociedad, nuestra Naturaleza y nuestro planeta, un mundo mejor.

20. Algunos aspectos del buentrato

Citaré algunos de los aspectos que me parecen importantes:

Amarnos a nosotras/os mismas/os

Amarnos a nosotras/os mismas/os de manera **incondicional**. Esto implica, como todos los aspectos del buentrato, nuestra capacidad de amar.

Amarse incondicionalmente no significa que nos apoltronemos en un sofá, en nuestro sistema de creencias y en nuestros comportamientos y digamos: «Yo soy así», lo cual suele ser una coartada para no hacer cambios en nuestra vida.

Tampoco supone una actitud egoísta, egocéntrica oególatra, en la que no nos importen las demás personas, ni nuestro entorno, sino el respeto por la propia vida y el bienestar, sin menoscabo del bienestar de los demás.

Amarnos incondicionalmente significa saber **que tenemos una vida y un cuerpo que merecen respeto**. Nos respetamos. Si estamos en este mundo, es porque en nuestra vida algo tenemos que hacer, que comprender, que **transformar y transformarnos**.

Aceptarnos tal y como somos, aquí y ahora, entendiendo que somos producto de una historia, para comprender por qué sentimos o actuamos de determinada manera. Y que, al igual que hemos aprendido, podemos –si no nos va bien– desaprender y aprender otras cosas.

Significa también tener **confianza** personal, sabiendo que no somos perfectos, que podemos ir trabajándonos, **desarrollándonos**, puliéndonos, para sentirnos mejor y tener una mejor relación con nuestro entorno.

Sabemos que, en nuestro caminar, **a veces acertamos y en otras nos equivocamos**; rectificamos cuando nos equivocamos, pedimos **perdón**, nos perdonamos; pero estamos en el camino.

Hacemos en cada ocasión lo que sabemos y podemos, pero abiertos, con **humildad**, a un proceso de conocimiento, cambio y transformación.

Autoconocimiento

El autoconocimiento es el derecho y la capacidad que tenemos de **escucharnos**, de **entender los procesos** de nuestro cuerpo –las sensaciones, las emociones, los pensamientos, las imágenes, los comportamientos–, comprender por qué funcionamos como funcionamos, qué sentimos, y de dónde viene todo eso. Qué son procesos humanos, y qué son procesos aprendidos.

Es nuestra capacidad de **introspección**, de conocimiento de dónde estamos en relación a nuestra historia, y dónde queremos estar, qué nos gusta, qué no nos gusta.

Desgraciadamente, en nuestro mundo occidental hemos aprendido poco a **observar** –por ejemplo, la Naturaleza– y a **observarnos**.

Solo observándonos, conociéndonos, podemos iniciar cambios en nuestra vida en aquellos aspectos que nos hagan sentir mal, que queramos cambiar.

Implica colocarnos como observadoras/es y, a la vez, como sujetos de observación.

Siempre trabajo desde y para el autoconocimiento, como una metodología y filosofía de conocimiento.

Hablar de autoconocimiento implica también hablar de autonomía y empoderamiento. Aprender a conocernos, a escucharnos, y asimismo conocer y desarrollar **herramientas de autoayuda**, favorece la seguridad personal y, por lo tanto, la **autonomía** y el **empoderamiento**. Eso no implica que no pidamos ayuda cuando no sabemos, cuando no entendemos; pero ahí entraría también cómo se nos enseña y cómo aprendemos: si para la dependencia y la ignorancia, o para el desarrollo personal y la autonomía. Ahí tienen mucho que ver los enfoques educativos y los enfoques de salud. Yo apuesto por una educación para la salud y para la vida, que favorezca a las personas libres, investigadoras y autónomas.

Hemos de conocer nuestro cuerpo, nuestra sexualidad, nuestros procesos físicos, emocionales, mentales, espirituales y sociales. E igualmente conocer las herramientas de autoayuda que favorezcan todo esto.

(Autora: Anna Navarro)

Amar nuestro cuerpo

Nuestro cuerpo es lo único que realmente tenemos; con él sentimos y nos relacionamos.

Además de que tenemos un cuerpo físico que siente, también pensamos a través de él, nos emocionamos, y nos comunicamos.

El cuerpo es sensible, siente placer y dolor, nos indica lo que le gusta y lo que no, nos cuenta nuestra historia, porque **el cuerpo tiene memoria**. Es un **cuerpo físico**; cambia en el proceso evolutivo, pero sea como sea, nuestro cuerpo no deja de sentir.

Es un **cuerpo sexuado**. La sexualidad forma parte de nuestra vida desde que nacemos hasta que morimos; cambia sus manifestaciones, su manera de percibir el placer o dolor corporal, pero siempre está presente.

Es un cuerpo que piensa, un **cuerpo mental**; que se emociona, un **cuerpo emocional**; es un **cuerpo espiritual**, que siente esa unidad con lo sutil que nos une, que compartimos con todo –amor, solidaridad, interdependencia...–, que siente lo efímero y la trascendencia; es un **cuerpo social**.

¿Cómo vivimos nuestro cuerpo? ¿Cómo desarrollamos el goce, el bienestar, en sus diferentes facetas en las que se manifiesta?

Niña disfrutando en un barreño de agua

Amar el cuerpo es gozarlo y desarrollarlo en cada etapa de la vida, de una u otra manera, como el presente de esa etapa. En la infancia, adolescencia, juventud, edad adulta: sentimos nuestra energía física, nuestra capacidad reproductiva, la acumulación de aprendizajes y experiencias... En la segunda etapa –en lo que podríamos llamar la segunda mitad de la vida–, se reduce gradualmente esa energía física y vitalidad corporal, pero hay una mayor sabiduría por lo vivido, por la acumulación de experiencias; y el cuerpo continúa gozando con la caricia, la delicadeza y el amor que le otorgamos.

El cuerpo cambia con la edad, con los embarazos, con las emociones vividas, con el estrés continuado, con los duelos sucedidos, con el amor, con el desamor, con la alimentación, con la filosofía de vida, con la motivación por los proyectos pequeños o grandes que queremos realizar, en los períodos de crisis existencial, con la solidaridad y el apoyo emocional, con el maltrato, con el buentrato...

El cuerpo es un resonante de nuestra vida, en conjunto. Nos ayuda a vernos. Pero **hay que cuidarlo**. Eso no significa que sea mejor o peor si pesamos unos kilos u otros, o si nuestra figura responde o no a los patrones de la moda de cada momento, que puede generar desvalorización y desprecio por nuestro cuerpo.

El cuerpo integrado es sagrado, es nuestra fuente de desarrollo, de conocimiento, de sabiduría y de goce.[49]

Cuidarnos y dejarnos cuidar

Cuidarse es **tenerse en cuenta, escuchar las propias necesidades**. Reconocer que tenemos un lugar en el mundo y que **merecemos estar bien.**

Esta sería la base en la que se sustenta el ejercicio del «regalo» que he comentado anteriormente. Es un **aprender a escucharnos** y a tenernos en cuenta.

Por eso nos permitimos también **dejarnos cuidar**, porque nos sentimos merecedoras/es de bienestar y **aceptamos el cuidado de los demás**, como el derecho que tenemos a estar bien, a **que nos traten bien**, a disfrutar con ello, y permitir asimismo que los demás disfruten de cuidarnos.

Este apartado que trataré también en el buentrato relacional –el cuidado mutuo– no puede darse si, a nivel individual, la persona no se siente «merecedora». Este es un aspecto de género que aprenden generalmente las mujeres, sobre todo la mujer-madre, como vemos en aquellas mujeres que sistemáticamente comen cuando los demás ya han comido, que se sirven siempre las últimas, o dejan de comer si la comida es escasa –en vez de repartir lo que haya–. El mensaje que se emite es: «yo no importo».

Cuidarnos es tener presente nuestra alimentación, nuestros límites en una sociedad estresante, cómo sentimos nuestro cuerpo, cómo respiramos, cuándo tenemos que parar, o descansar, o activarnos.

A veces, en situaciones difíciles, como cuando estamos elaborando un duelo, despidiéndonos de algo o de alguien, o hemos enfermado, etcétera, podemos sentir que no tenemos energía, casi ni para cuidarnos, en esos momentos, especialmente, hemos de permitirnos dejarnos cuidar.

Disponibilidad, entrega, apertura

Puesto que merecemos estar bien, y queremos cuidarnos y dejarnos cuidar, hemos de estar disponibles. Y en ese sentido, sería darnos permiso, **darnos permiso para experimentar nuestra capacidad de amar**. Y cuando digo «amar» me refiero a la capacidad de todo ser humano de **experimentar el amor incondicional.**

La experiencia amorosa genera placer, bienestar; tanto cuando la experimentamos en nuestro cuerpo, como cuando damos amor o lo recibimos. Ello implica nuestra **disponibilidad.**

De nada sirve que digamos –intelectualmente– que queremos estar bien si no estamos disponibles emocionalmente, si no nos sentimos dignas/os de ser amadas/os, o sentirnos cuidados/as, por nosotros/as mismos/as y por los demás.

Esa disponibilidad y apertura abarca nuestra disponibilidad **amorosa**, de **conocimiento**, de **aprendizaje**, de **relacionarnos con personas que nos nutran**, que nos generen –nos generamos mutuamente– bienestar; nuestra disponibilidad al **placer**, a **estar bien**.

En última instancia, una apertura a la «vida», con lo que ello significa.

Conciencia de espacio personal

Cuando hablo del espacio personal me refiero a que hay que tener conciencia de que tenemos una **vida propia y única**.

Nuestra es la **responsabilidad**, teniendo en cuenta las limitaciones o circunstancias que tengamos, de estar lo mejor posible, de hacer aquello que queremos hacer, o no hacer lo que no queramos

Nadie puede vivir ni hacer nuestro camino.

Existe una **soledad existencial**: nacemos solos, morimos solos, y lo que nos ocurre en nuestra vida –más allá de que haya gente que nos acompañe– es una vivencia personal, somos quienes lo sentimos. Por eso hemos de ejercer el derecho a decidir y somos responsables de nuestra vida, de nuestro espacio personal.

De vez en cuando, necesitamos **momentos de soledad y de silencio interior** para reencontrarnos, escucharnos, reflexionar, tomar algunas decisiones, reordenar el barrullo o caos interior, calmar nuestras tensiones, calmar la mente. **La soledad es** también necesaria para tomar conciencia de lo que nos ocurre, de lo que sentimos, del **tiempo que necesitamos de silencio** para la escucha interior, para escucharnos, reflexionar, tomar decisiones. El silencio en soledad nos permite reencontrarnos, escucharnos y hablarnos, calmar nuestras tensiones, serenar la mente.

La soledad no tiene que ver con el aislamiento emocional, aunque a veces nos aislemos físicamente para estar solos. La soledad no tiene que ver con el aislamiento... social. Muchas personas que dicen sentirse solas, lo que experimentan es el aislamiento. No tienen amigos ni amigas, no tienen vínculos, no tienen gente con la que hablar, compartir emocionalmente. Están aislados/as. Y el aislamiento hace daño, enferma, nos saca de nuestra realidad social.

Hay dos tipos de placer: **estar bien estando en soledad**, y **estar bien compartiendo** aquello de nuestra vida que queramos compartir. Cuando no integramos esas dos experiencias y actividades positivamente, se genera un desequilibrio y se convierte en dos formas de dolor y malestar: si no sabemos estar solos/as, creamos dependencia; si no sabemos compartir, es difícil que nos vinculemos, o al menos que nos vinculemos de manera saludable.

Nuestra vida tiene que tener sentido, sabiendo que en momentos de crisis a veces lo perdemos y tenemos que reconstruirnos.

Reconocer nuestras emociones y canalizarlas

Las emociones forman parte de todos los seres humanos, hombres y mujeres, de todas las edades y culturas. Pero las emociones también pueden ser moduladas, canalizadas, podemos aprender a manejarlas, para que no nos dañen ni hagamos daño con ellas.

Cada emoción genera una experiencia en el cuerpo, a veces agradable, a veces no. La alegría, por ejemplo, nos hace respirar más ampliamente, nos genera una sensación de apertura, sonreímos, relajamos el cuerpo, tenemos pensamientos positivos...

Cuando experimentamos tristeza, normalmente el cuerpo se encoge, se empequeñece, nos cerramos; nuestra respiración se hace más pequeña y superficial, tenemos pensamientos negativos...

El miedo nos hace contener la respiración, hacemos a veces –como en la tristeza– una respiración corta, cortada, entrecortada y superficial. Nos paralizamos, tensamos el cuerpo y deseamos huir...

La cólera, la ira, nos hace tensar los músculos (por ejemplo, las mandíbulas...), agitamos la respiración, nos puede su-

bir la tensión arterial, nos sentimos dañados/as, nos colocamos a la defensiva, y deseamos descargar esa energía de rabia
que se ha producido. A veces, no reconocemos el malestar que
tenemos e, inconscientemente, tampoco lo resolvemos; con lo
que, poco a poco, vamos acumulando el malestar hasta que en
un momento surge en forma de alguna de estas manifestaciones frecuentes:

1. Desarrollamos una depresión.

2. Volcamos el malestar, abrupta e inesperadamente, de manera inadecuada. Hay personas que dicen: «Tengo miedo
   de expresarme porque siento que soy como un volcán que
   va a explotar».

Las emociones no son buenas ni malas, son expresiones humanas, energéticas, que nos ayudan a reconocer qué nos está
pasando. Por lo tanto, nos dan claves, también, de nuestro momento, de nuestra historia, de nuestros valores, de nuestras
heridas... Porque, aunque las emociones forman parte del ser
humano, la forma en que las manejamos –o nos manejan– tiene que ver –como todos los procesos– con nuestra forma de
vida.

Cualquier emoción nos da claves, pero si no las transfor-
mamos y nos dominan, podemos hacernos daño y hacer daño
a los demás.[50]

¿Cómo podemos manejarlas? Fundamentalmente:

- Tomando *conciencia* de ellas, es decir, con el autoconocimiento.

- Reconociendo las *claves* que nos dan, tomándose el *tiempo* necesario; a veces, se requiere un espacio-tiempo de soledad para la reflexión.

- Aprendiendo a *entender el lenguaje del cuerpo*: cada emoción tiene un lenguaje del cuerpo, una respiración, una expresión del cuerpo.

- Aprendiendo también a *respirarla*, para que se recicle, para que se disuelva. Con ello, conseguimos que no nos haga daño al no quedar bloqueada en nuestro cuerpo.

- *Andar conscientemente*, respirándola, también ayuda a reconocerla y transformarla.

Una de las emociones que genera más problemas relacionales es la ira.

La ira es un fenómeno mental y psicológico, y relacionada con elementos biológicos y bioquímicos. La ira tensa los músculos. Cuando te relajas y sonríes, la ira disminuye.[51]

Thich Nath Hanh propone algunas herramientas para manejarla:[52]

1. respirar y andar de manera consciente,

2. abrazar la ira y observar la naturaleza de nuestras percepciones, y

3. observar a los demás para comprender que también sufren y necesitan nuestra ayuda.

Este autor, maestro espiritual, que trabaja para las relaciones de paz, utiliza metáforas muy bellas:

> La ira que hay en ti es como las patatas, ha de cocinarse. Al principio está cruda, y, como bien sabes, las patatas crudas no se pueden comer. Es difícil poder disfrutar de tu ira, pero si sabes cómo cuidar de ella y cocinarla, la energía negativa de la ira se convertirá en la energía positiva de la comprensión y la compasión.[53]

Así como para transformar el malestar de la ira –la basura– en flores:

1. abrazar la ira, y

2. observar la naturaleza de la ira para averiguar cómo ha surgido.[54]

Es decir, de alguna manera, hemos de hacernos cargo también de nuestras emociones, reconocer nuestras heridas y utilizar las herramientas de transformación de estas.

Reconocer nuestros deseos

Para reconocer nuestros deseos tenemos que escucharnos, mirar hacia dentro. Escuchar nuestros deseos es importante para conocer en cada momento de nuestra vida dónde estamos, qué nos parece importante, qué nos gustaría, hacia dónde queremos ir.

Saber qué deseo y qué quiero me ayuda también a saber lo que no quiero. Pero también implica tomar una dirección, dirigirme hacia aquello que deseo o que quiero y ver qué recursos tengo o necesito para conseguirlo.

¿Qué deseo? --------+--------	¿Qué hago para conseguir mi deseo?

Se puede hacer un pequeño ejercicio de papel y lápiz, para ayudarnos a reconocer nuestros deseos. Es como un conectar con lo que «me gustaría».

Ejercicio: *Tomas papel y lápiz y creas dos columnas:*

Deseos	Comportamientos
–	–
–	–
–	–

Empieza por los «deseos». Conéctate con el cuerpo, con la sensación de bienestar. Piensa qué te gustaría conseguir para ti, para tu vida. Los deseos que puedes poner son: a corto, a medio o a largo plazo. Escribe cada deseo en forma de frase corta, sin explicar nada y sin justificarte.

Los deseos que escribas tienen que tener tres condiciones:

a) Que dependan de ti.
b) Que sean concretos.
c) Que sean posibles.

Algunos ejemplos de lo que NO hay que poner:

Deseos

- *Que mis padres (o mi hijo/a, o mi pareja...) estén bien.*

Ese es un deseo loable, pero NO depende de ti.

- *Ser feliz*

Eso es demasiado general. ¿Qué es ser feliz? Para cada persona puede ser una cosa. ¿Qué es para ti ser feliz? Concrétalo.

- *No estar nunca triste.*

No es posible. Hay cosas que nos entristecen. Podrías cambiar el «nunca» por el «frecuentemente». Ese sí es un deseo posible: «No deseo estar frecuentemente triste»; es decir, lo que deseas es bajar el estado de tristeza, y seguramente combinarlo con otros tiempos de alegría...

Bien. Ahora supongamos que has puesto deseos que sí dependen de ti, son concretos y posibles, por ejemplo:

Deseos

• Ser un poco más ordenada.

• Organizarme más el tiempo de trabajo y ocio.

• Ir al cine al menos dos veces al mes.

Pasa ahora a la segunda parte del ejercicio: ¿Qué haces para conseguir ese deseo?

Deseos ---------------+---------------	Comportamientos (¿Qué hago?)
• Ser un poco más ordenada ⟶	
• Organizarme más el tiempo de trabajo y ocio ⟶	
• Ir al cine al menos dos veces al mes ⟶	

A partir de cada deseo que has puesto, mira a ver qué es lo que haces, y si lo que haces permite satisfacer tu deseo, o si no lo consigues. Cuando algo que haces no consigue satisfacer el deseo, es porque, o no haces NADA, o lo que haces no es lo adecuado (habría que hacer otra cosa); a veces hacemos cosas adecuadas junto con otras inadecuadas que boicotean la posibilidad de lograr lo que queremos.

Los deseos pueden ir cambiando. Pero es importante que veamos si realmente lo que decimos que deseamos es realmente nuestro deseo, o es el deseo de otros. Y también es importante darte cuenta de aquello que puedes hacer, que te ayuda a conseguir lo que deseas, o que te lo boicotea, y, en este caso, tratar de averiguar también si existe algún miedo a conseguir lo que se desea.

Respeto a nuestros límites

Todas las personas **tenemos unas capacidades y unos tiempos, un ritmo de aprendizaje, de desarrollo**. A veces avanzamos rápido, otras, más despacio. Hay que poder aceptar nuestros ritmos.

También tiene que ver con la **aceptación de nuestros estados de ánimo**, de nuestros **procesos evolutivos o de envejecimiento**, etcétera.

Hay cosas que no podemos conseguir porque no dependen de nosotros/as. Ahí tenemos un límite.

Por otra parte, hay que saber **poner los límites a los demás**.

En los últimos años, uno de los problemas que ha aparecido más en las escuelas es la dificultad de gran parte del alumnado para aceptar límites. Posiblemente, una generación de madres y padres, que vivieron en una dictadura –en España–, con una educación autoritaria, han deseado –con su mejor intención– dar a sus hijos e hijas una educación diferente y han confundido tener una educación más abierta con el aceptar todo, no poner límites, dar lo que el hijo o la hija pide..., y más. Eso a veces ha generado pequeños tiranos: niñas, niños, jóvenes, que exigen, que creen tener derecho a todo, que no entienden ni aceptan límites, y que quieren las cosas... ¡ya! Y todo eso reforzado en un mundo consumista, rápido, donde se ha aprendido a tirar como desechable antes que a reparar... Estos jóvenes tienen actualmente mucha dificultad para asumir la frustración, los ritmos, los tiempos, aceptar el NO, etcétera.

Aprender a asumir límites es un aprendizaje para la vida, y también para la convivencia.

Aceptar la frustración

Las cosas son como son y no siempre como deseamos.

Si cuando deseo algo se me dice NO, eso nos frustra, nos fastidia, nos da rabia no conseguir lo que deseamos. Aquello que no depende de nosotros/as tenemos que aprender a digerirlo, aceptarlo e integrarlo, a hacer el duelo de nuestras expectativas. Aceptar esa frustración forma parte de la madurez personal, de aceptar nuestros límites.

Incluso, a veces, se nos frustra una expectativa de algo que depende de nosotros/as. Por ejemplo: deseaba organizarme mejor el tiempo de ocio, y me he descontrolado; he trabajado más de la cuenta, no he descansado lo suficiente y me siento cansada.

Pero frente a eso, podemos culpabilizarnos, desvalorizarnos y autoagredirnos –«Todo lo haces mal»–; o bien, podemos decirnos que estamos empezando, y animarnos a hacerlo mejor la próxima vez.

Hay **experiencias frustrantes que no tenemos por qué aceptar**, como el maltrato, la violencia... Pero **hay otras que tenemos que asumir**; por ejemplo, perder el tren porque he llegado tarde; o tener la idea de ir a pasear por la playa y tomar el sol, y llueva; o que queramos ser la pareja de alguien, y esa persona no desee lo mismo.

Saber pedir, decir sí y decir no

Este aspecto, como todos los que estamos comentando a nivel individual, tiene su repercusión en lo relacional.

Tenemos derecho a pedir aquello que queremos, que deseamos, que necesitamos..., y para ello hemos de escucharnos y reconocer nuestros deseos y necesidades. Cuando es algo que podemos gestionarlo, podemos dárnoslo. Digamos que es como si una parte nuestra nos pidiera lo que necesita, y otra parte nuestra la ayudase a proveerla. Ahí no tendríamos problema.

El problema puede surgir cuando es a otra persona a la que le pedimos lo que queremos. Es importante **saber pedir lo que queremos**; pero, en estos casos, también la otra persona cuenta, se escucha y puede aceptar o no nuestra propuesta.

También es importante que **aprendamos a decir SÍ, cuando queremos decir SÍ**; y que **aprendamos a decir NO, cuando queremos decir NO**. Esto es importante para la propia escucha y para las relaciones.

Uno de los conflictos relacionales, sobre todo entre hombres y mujeres, es que hemos aprendido, desde lo social a través de agentes socializadores como la familia, y en especial como aprendizaje de género para las mujeres, que había que decir No, es decir, marcar distancia, rechazar a alguien que te gustaba y querías aceptar; con lo cual, desgraciadamente, aprendemos también **mensajes contradictorios**, y, a veces, creemos que cuando nos dicen No, lo que quieren decir es Sí.

Hay que aprender que cuando decimos No, es NO; cuando decimos Sí, es SÍ.

Hacer duelos

Despedirnos de aquello que se va, que ya no existe, que se ha concluido, o que suponga una ruptura con un período o ciclo anterior.

El duelo es uno de los temas más importantes que hay que trabajar en el desarrollo humano, al igual que el conocimiento de otros procesos, o impulsar la creatividad.

Es algo que debería aprenderse desde la infancia, y debería enseñarse en las escuelas y en la familia. Sin embargo, se ignora, se oculta; posiblemente, porque ni al profesorado ni a la familia tampoco les enseñaron, tampoco lo aprendieron.

Todas las personas, mujeres y hombres, en cualquier momento de la vida, en cualquier etapa del ciclo evolutivo, tenemos que hacer duelos. **A veces, los duelos suponen rupturas**: de una situación, de un trabajo, con una persona... Por ejemplo, la pérdida de un trabajo, una ruptura de pareja, la muerte de un ser querido...

En otras ocasiones, un duelo supone una transformación y no hay una ruptura. Por ejemplo, en nuestro ciclo evolutivo, cuando entramos en la adolescencia tenemos que despedirnos de nuestra infancia; cuando entramos en la segunda mitad de la vida, hemos de despedirnos de la primera mitad que ya vivimos;[55] o en una pareja o una amistad de muchos años, se van realizando muchos duelos, porque se cierran etapas vividas y se abren nuevas etapas, sin que por ello la relación se rompa.

Los duelos duelen; son procesos de cambio, y **eso supone un trabajo personal, una transformación**, un dejar lo sabido, lo conocido –que de alguna manera puede ser segurizante–, para entrar en otra etapa desconocida, que a veces genera miedo. Por eso, muchas veces, insconscientemente tratamos de «no verlos», no queremos entrar en ellos, y, por lo tanto, no elaborarlos.

El duelo forma parte del ciclo de la vida, de los cambios. Muchas veces, sobre todo en el pensamiento occidental, pensamos en las cosas como fijas, como absolutamente estables. Nos cuesta pensar que una relación amorosa no lo sea para toda la vida, que nuestro cuerpo se transforma y deja de ser joven, que amistades o personas queridas puedan desaparecer...

La muerte es una experiencia de duelo. Antiguamente formaba parte de la vida cotidiana de los pueblos y de las familias, cuando la familia y también los niños y niñas de la familia iban a despedirse de la gente que se estaba muriendo. Desde aproximadamente mediados del siglo xx, la muerte ha pasado a estar oculta; tenemos miedo de ver a las personas que están finalizando su vida, no sabemos qué hacer ni qué decirles, no sabemos acompañar ni acompañarnos en ese proceso –en lo que también a nosotros/as nos ocurre frente a la experiencia de muerte–. La muerte queda, hoy en día, en buena parte oculta en los hospitales y oculta a la infancia.

Al margen de esas experiencias de muerte-duelo, tan visibles y especiales, en nuestra vida también tenemos que hacer duelos que son «muertes simbólicas», porque no hay muerte física, pero algo se nos muere internamente, de algo tenemos que despedirnos, algo se va... Pero **cuando algo se va**, cuando algo muere simbólicamente, algo renace, **surge algo nuevo**: ese es un principio del ciclo de la vida. Algo que tenemos que aprender, y aprender a transitar, a acompañar y acompañarnos.

El duelo es un proceso estrictamente individual; cada cual ha de elaborar sus propios duelos. Nadie los puede realizar en nuestro lugar, aunque nos acompañen. Si no elaboramos duelos, no vivimos el momento presente, sino que nos quedamos con un enganche al pasado, a lo que era, a lo que fue, a lo que yo esperaba. Por lo tanto, **el duelo es imprescindible para vivir el momento presente**, para cerrar una etapa pasada, algo que ya no existe, para abrirnos a una nueva etapa, en el presente.

Hablaré más de ello en el siguiente apartado –buentrato relacional–, porque muchos de los conflictos y malos tratos surgen de no saber realizar duelos en nuestras relaciones.

● ● ●

En relación al duelo y la muerte, en cierta ocasión viví algo inesperado, extraño y emotivo. Era la Fiesta de los Muertos,[56] en Oaxaca (México); había mucha gente en las calles. Yo paseaba con un grupo de amigas.

De repente, en un rincón de la acera, vi un colibrí inmóvil. Nadie lo vio, solo yo. Lo cogí entre mis manos, sorprendida, dado que los colibrís no se dejan coger. No estaba herido. Como yo tenía que acudir a un lugar, lo dejé momentáneamente en casa de una amiga, y voló a la lámpara.

Cuando al día siguiente volví a recogerlo, para acompañarlo al vuelo, de nuevo se dejó acoger por mis manos. Lo llevé a un lugar abierto y lo animé a volar. Se fue.

En la tradición prehispánica, el colibrí representa el mensajero de los que se han ido. Pensé que, si era así, vino a visitarme mi hijo. Esta es la foto.

El colibrí

Agradecer

Agradecer es una forma de reconocimiento; es como decir que esa persona o eso que reconocemos existe, y su existencia nos hace bien.

Podemos agradecer la **vida**, nuestras **plantas**, el cariño de nuestros **animales de compañía**. Agradecemos a nuestros **amigos y amigas** que estén ahí, que nos acompañen, que nos ayuden con su presencia, sus palabras o su mirada.

Agradecer a todas las personas que queremos y que nos quieren (**pareja**, **hijos e hijas**, **familia**...) y también a aquellas que, sin conocernos, nos ofrecen un **gesto amable**, **nos sonríen**, **nos escuchan**, **acompañan**, **nos facilitan la vida** con pequeñas cosas. Hace poco oí a una conocida que comentaba muy contenta que había ido a comer a un merendero de la playa y decía, entre sorprendida y muy agradecida: «¡Y me han tratado muy bien, han sido muy amables!».

«Qué curioso –pensé yo–, que la amabilidad sea algo que nos llame la atención, tanto, que lo resaltemos en un merendero, incluso más que la rica comida que nos sirvieron». Y por otra parte, me alegró mucho el reconocimiento que les hizo esta persona.

También **agradecemos nuestra disponibilidad** a querer cambiar las cosas que no nos van bien, o a querer ser mejores personas.

Quizás creamos que tenemos derecho a tomarnos un desayuno en una cafetería porque lo pagamos, pero **dar las gracias** cuando nos lo ofrecen significa valorar el trabajo de quien lo prepara y nos lo ofrece, y también valorar el alimento. Valorar lo que ha hecho bien, lo que nos ha repercutido su buen hacer, y quizás lo que ha ayudado a otros.

También hemos de agradecernos por la capacidad que tenemos de aprender y cambiar.

Perdonar, pedir perdón, reconciliarnos

Pedir perdón, disculparse, no nos denigra; al contrario, tomamos conciencia de que hemos cometido un error, o hemos hecho un daño a otra persona –aunque sea involuntariamente–, y nos excusamos, reconocemos nuestro error.

Todos y todas **podemos cometer errores**, pero podemos **disculparnos** y **cambiar**.

Pedir perdón y disculparnos, a veces, es lo único que ya podemos hacer para curar algunas heridas personales, y también sociales.

Asimismo, el perdón implica perdonarnos personalmente. Cuando lanzamos una mirada retrospectiva a nuestra vida, hay episodios, períodos, momentos, en que nos reprochamos lo que hicimos o lo que no hicimos –*¿Cómo aguanté aquella situación?*, *¿Cómo no hice nada para cambiar las cosas y salir de ahí?*–. Y quizás nos sentimos avergonzadas/os, culpables... Sin embargo, el hecho de que ahora podamos ver que actuaríamos de otra forma es porque estamos en otro lugar, es decir, tenemos otra perspectiva de las cosas. Cuando hicimos o no hicimos, es porque éramos otras personas; pensábamos, sentíamos o teníamos unas creencias diferentes. Por eso actuamos así. Cada persona hace en su vida lo que cree, lo que sabe, lo que puede, lo que le dijeron que tenía que hacer... Por eso, cuando cambiamos nuestras creencias y comportamientos, podemos vernos a distancia y ver quiénes éramos y quiénes somos ahora. Por eso hemos de poder perdonarnos por nuestras dificultades, creencias erróneas, o comportamientos inadecuados; tomando conciencia, aprendiendo de los errores, aprendiendo del pasado, de lo que no queremos repetir, y asumir los cambios que queremos realizar.

Recontratar con la vida.
Negociar

Me gustó la idea de «recontratar con la vida» la primera vez que se la oí a mi amiga argentina, la psicóloga Sara Olstein. A veces utilizo esa expresión, y otras veces utilizo la de «negociar».

Recontratar con la vida o negociar con la vida supone que la persona elabora el duelo de lo que se va –una etapa, una relación...– para abrirse a otra nueva experiencia. Es así como se hace en el duelo, pero aquí se pondría la intención en la voluntad personal de **querer vivir la nueva etapa, y de vivirla bien.**

El concepto de **negociación** lo utilizo también, frecuentemente, para la vida cotidiana, la decisión de cómo vivir el día a día. Es un valor de buentrato, frente a la lucha y la pelea, tanto en lo social (por ejemplo: como una manera de parar una guerra –también serviría como un previo para no entrar en ella), como en lo relacional; lo veremos en el apartado siguiente: el buentrato en las relaciones.

También es importante hacerlo personalmente cuando establecemos un diálogo interno entre partes nuestras, que a veces se pelean, discuten. Por ejemplo, una parte nuestra que dice: «Pierdes demasiado el tiempo, así no conseguirás acabar tu trabajo», y otra que dice: «No tengo ganas de hacer nada». La negociación sería establecer tiempos y prioridades; por ejemplo: «Bueno, descanso ahora por la mañana, y por la tarde, que ya estaré descansada, me pongo a la tarea».

Responsabilizarse de la propia vida y del bienestar

Por lo tanto, y en relación con todo lo dicho anteriormente, la persona ha de responsabilizarse de su vida y de su bienestar. Por supuesto que, a veces, podemos decidir, organizar... y a veces la vida nos rompe las expectativas, nos desorganiza lo previsto, pero en este apartado me refiero a aquello que yo puedo hacer por mí, por mi vida, por seguir la vida que quiero; teniendo en cuenta los límites, tanto los que tengo, como los que tengo en las relaciones, o los que la vida me pone delante.

Hacerse responsable es **empoderarse de la propia vida**. Cada acción, cada decisión tiene sus consecuencias; por lo tanto, decidimos por dónde queremos ir, cómo, cuándo y a qué ritmo o en qué circunstancias.

Esto incluye, por supuesto, que a veces podemos equivocarnos, tomar decisiones erróneas, cometer actos imprudentes o de maltrato –hacia nosotros/as o hacia los demás–, pero podemos disculparnos, pedir perdón, darnos cuenta de nuestros errores y rectificarlos, cambiar la ruta, cambiar comportamientos, pensar de otra manera, etcétera. Aprendemos de los aciertos y de los errores. Aprendemos a vivir.

Siempre podemos cambiar de ruta, cuando la que hemos elegido no nos parece la correcta –y aquí también se incluye a las personas que no nos van bien–, para buscar aquellas orientaciones y caminos que nos parecen los más adecuados.

Tener proyectos propios
(personales, relacionales y sociales)

A lo largo de nuestra vida hemos de tener proyectos. El proyecto es como poner nuestra energía, nuestra mirada, en algo. **Los proyectos dan sentido a nuestra vida**; no quiero decir con ello que sean «el sentido de la vida», sino que dan un sentido a la vida, nos ayudan a hacer un trabajo personal y a transformarnos de alguna manera.

Según en qué momento estemos, el proyecto puede ser más pequeño o más grande; estar circunscrito a nuestro ámbito **personal** –por ejemplo, querer hacer ejercicio, estudiar algo...–; o quererlo incluir en nuestras **relaciones** –por ejemplo, tratar de escuchar más a mis hijos o hijas, no discutir tanto con mi madre...–; o que tenga una repercusión directamente **social** –por ejemplo, hacer un trabajo de voluntariado en hospitales infantiles, vincularnos a alguna organización social sin ánimo de lucro, etcétera.

No son excluyentes los proyectos; podemos hacer cosas por nosotros/as y también por los demás.

Cuando no tenemos proyectos propios, cuando no orientamos nuestra vida hacia algo que nos motive, podemos tener una cierta «crisis existencial», podemos tener una sensación de vacío personal, existencial –«¿Para qué estoy en esta vida?»,

«¿Qué sentido tiene la vida, y mi vida?»–, y fácilmente podemos sentir cólera –sentirse enfadado/a con el mundo– o desarrollar una depresión.

Esa experiencia forma parte de alguna fase de los duelos, que hay que atravesar; pero lo que quiero resaltar aquí es que **hay determinados momentos en que «nos quedamos sin proyecto vital» y tenemos que buscar nuevos proyectos que den nuevo sentido a nuestra vida.** Hay dos etapas evolutivas especialmente críticas en este sentido: la adolescencia, y la segunda mitad de la vida, sobre todo a partir de la jubilación.

Y cuando hablo de la **adolescencia**, eso se puede extender en estos tiempos a la **juventud**; porque teniendo en cuenta que muchos jóvenes actualmente son «ninis» (ni estudia ni trabaja), teniendo en cuenta el nivel de crisis económica, desempleo y de abandono escolar, muchos jóvenes que, en otra época se emancipaban e iniciaban su vida adulta, por ejemplo, a los 18, 21 años, en estos momentos, sin expectativas de trabajo, sin encontrar su identidad –la adolescencia, juventud, es un período de búsqueda de identidad– y también, en concreto, sin encontrar su identidad social y su desarraigo y la falta de motivaciones, fácilmente pueden caer en una depresión que acabe en suicidio; pero también pueden integrarse en proyectos destructivos, autodestructivos o de muerte o violencia, que alguien les ofrece, y que de, alguna manera, les da un estatus social o un «sentido» a su vida. Me refiero a proyectos que tienen que ver con las pandillas, sicariato, narcos, fundamentalismos, etcétera.

El otro período difícil es la **jubilación**, y especialmente en los hombres, porque, desde la educación de género, han construido buena parte de su identidad masculina como proveedores; han cultivado poco o nada las amistades, las relaciones personales, la escucha –con hijos e hijas, pareja–, no han desarrollado actividades propias, etcétera, y, cuando desaparece el trabajo, su vida pierde el sentido.

Por eso, es importante tener proyectos propios, para el bienestar, personal, relacional y social, en cada período, en cada momento. Por supuesto, cuando acaba un proyecto o un ciclo, puede haber un vacío –provisional– hasta que encontramos un nuevo proyecto que nos ilusione, en donde pongamos nuevas energías.

EL BUENTRATO
EN LAS RELACIONES

21. Cuestiones generales

¿Cómo se concreta el buentrato en la dimensión relacional?

En primer lugar, y como es lógico suponer, **cada persona que participa en la relación ha de bientratarse personalmente**, y **ambas han de querer una relación de buentrato.** Ese es el principio del que partimos. Pero, evidentemente, no solo con querer algo se logra, **hay que trabajar para ello**, hay que prestar atención en el día a día y cuidar la relación como hemos de cuidar una planta, un árbol, para que florezca. Porque aunque la planta tenga la voluntad de florecer, le puede faltar o sobrar agua, quizás haya que podarla, puede verse afectada por plagas... y hemos de prestar atención, mirarla, escucharla –también las plantas nos hablan– y cuidarla para que nos devuelva el placer de su compañía, de su belleza, de su sombra o de sus flores.

Las relaciones son bidireccionales, y el **cómo funciona cada persona**, cómo se ha desarrollado, sus dificultades, sus guiones de vida..., en definitiva, su historia personal, **es lo que**

aporta a la relación. Y eso, con la historia de la otra persona y sus características de personalidad, generan una dinámica relacional. Por lo tanto, cuando hablo de relaciones,[57] hay que tener en cuenta dos ámbitos: 1) las características de cada cual, sus valores, potencialidades, cualidades, proyectos que aporta, y también los problemas, **las dificultades** que cada cual aporta a la relación; y 2) **las negociaciones** que hay que establecer en la relación misma, o los conflictos que aparecen en la dinámica relacional.

Todo lo que hemos estado comentando en el apartado anterior –buentrato personal– hay que aplicarlo y concretarlo también en las relaciones.

22. Algunos aspectos de buentrato relacional

Dar y recibir

Tenemos que **aprender a cuidar y dejarnos cuidar**. Una relación de buentrato se nutre del **cuidado mutuo**, lo cual implica el **respeto** a sí misma/o y a la otra persona, la **confianza**, la **disponibilidad** para tener una buena relación, y el deseo y disponibilidad de resolver los conflictos de la mejor manera posible.

El **cuidado mutuo genera placer**, **bienestar**; es el placer de dar, y el placer de recibir. También lo generan la confianza, la disponibilidad y el respeto, el sentirse respetada/o.

Esto es la base en las relaciones –que hay que practicar en las relaciones de pareja, en la familia y con las amistades– y para la configuración de una familia afectiva.

Por supuesto, para trabajar, por ejemplo, la **confianza**, cada persona debe ser confiable; es decir, dentro del contrato de una relación –cada relación tiene explícita o implícitamente un contrato, unos acuerdos–, una de las bases ha de ser la confianza, y para ello se ha de partir de **acuerdos compartidos**; por ejemplo, acordamos que hablaremos de lo que nos genere malestar, para solucionarlo; o lo que queremos ambas personas.

Ese *dar y recibir*, como cada uno de los aspectos que comentamos en este libro, está *atravesado por el género*, lo cual quiere decir que, desde la socialización dicotómica de género, mujeres y hombres aprendemos a desarrollar, a identificar, o a asumir como positivos, valores dicotomizados. Eso *nos genera problemas* y genera problemas en las relaciones cuando pretendemos unas relaciones equitativas, de desarrollo mutuo y de buen trato.

Las mujeres aprenden a dar. Dan su tiempo, su espacio, sus cuidados... a hijos/as, a la pareja, a sus personas dependientes... y les cuesta recibir –desde su socialización–. Se asocia el dar a ser generosa, buena... Ese es uno de los ejes de la construcción de la identidad femenina. Pero cuando no se recibe, la mujer se siente vacía, y frecuentemente cae en una depresión. En el caso de los hombres se aprende lo opuesto.[58] Por lo tanto, hay que aprender en cualquier relación a vivir y desarrollar **dos tipos de placer: el de dar y el de recibir**.

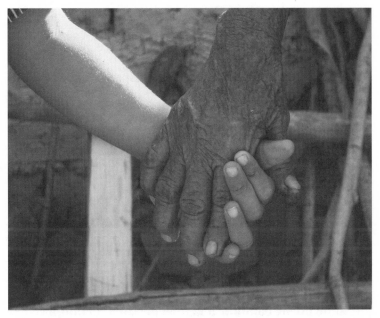

(Autora: Mari Angeles Orvañanos)

Escucha, respeto mutuo, cuidado mutuo

Voy a hacer hincapié en algunos de los aspectos que comprende el apartado anterior:

Cada persona es la que es, o la que quiere ser; tiene sus ritmos, sus dificultades y sus propios procesos de transformación. Y eso merece un respeto.

El respeto y cuidado mutuo implican aprender a **escuchar a la otra persona**, sus necesidades; cómo **apoyarla** en su desarrollo o en sus dificultades...

Nadie puede cambiar a la otra persona, ni tampoco desarrollarla. Cada cual ha de hacer su camino, desarrollarse lo que quiera y pueda y resolver sus propias dificultades. Pero es muy importante tener a alguien al lado que te escuche –la escucha es fundamental, la escucha propia y de la otra persona– que te apoye en lo que pueda, o que sencillamente esté a tu lado en silencio cuando es eso lo que necesitas.

El cuidado mutuo es una forma de cuidarnos, de generarnos bienestar, placer. Podemos intuir lo que le gusta a la otra persona, pero también podemos preguntárselo para ver qué, de lo que nos gusta a ambas, podemos compartir.

Niña con su papá

Disponibilidad amorosa

El buentrato se basa en el amor. El amor no se experimenta solo en las relaciones de pareja, sino que se experimenta en relación **con el mundo**, con las **personas**, los **animales** y la **naturaleza** en general.

La **amistad** es también una experiencia amorosa; por lo tanto, cualquier tipo de vínculo que creemos debería partir del deseo de estar bien, de desarrollarse mutuamente y de generarse bienestar.

Cuando estamos disponibles para amar a otros seres, **damos nuestro amor** en forma de acciones, de actitudes, gestos, palabras, pensamientos, pero también **recibimos amor** de esos seres.

No confundir que al dar amor se recibe de la misma manera. **Cada cual da lo que puede o quiere dar**, y podemos compartir, lo que ambos podemos compartir. Una cosa es la disponibilidad amorosa, que es una experiencia individual, y otra, **la disponibilidad mutua**, que es la que **genera vínculos**, compartiendo con otra persona que también nos ame.

En este apartado me interesa resaltar que **el buentrato en las relaciones se basa en el amor que podemos compartir con las personas y que genera bienestar y seguridad.**

Pareja mirándose con ternura

Amigas

Saber compartir espacios

Como decía anteriormente, cada persona tiene su espacio personal, su vida. Pero cuando queremos relacionarnos, también hemos de saber compartir espacios en donde **ambas personas podamos estar, y estar bien**. Los espacios pueden ser de *hablar*, de contrastar *ideas*, compartir *proyectos*..., y también de *silencio*. El silencio que no es aislamiento ni rechazo, sino tiempo personal que podemos compartir con la presencia de la otra persona. A veces necesitamos estar en silencio para reflexionar, para leer... mientras la otra persona está, por ejemplo, en la casa haciendo cosas iguales o diferentes.

Podemos compartir la *casa, hijos e hijas*, algunas *amistades*, o *familia*; podemos compartir *actividades*...

Muchos de los vínculos se inician y se mantienen porque se comparten *intereses comunes*: el debate político, el arte, la filosofía, la cocina, los intereses profesionales, el cine, la medicina alternativa, las tradiciones culturales, etcétera, que a ambas personas les seducen y les acercan. Son espacios de **disfrute intelectual, corporal** –generan sensaciones placenteras–; que desarrollan también el disfrute **emocional y espiritual**. Y en la medida que gozamos de lo compartido, del encuentro compartido, tendemos a querer disfrutar de nuevo de esos espacios.

Ni con una pareja ni con una amistad podemos compartir *todos* los espacios que nos gustan en nuestra vida. Con cada persona podemos compartir lo que podemos compartir; es decir, lo que a ambas personas nos agrada. El arte es **aprender a compartir los espacios en que ambos, mutuamente, los disfrutemos**.

(Autor: Heinz Hebeisen)

Todo esto genera múltiples vínculos, de mayor o menor acercamiento, frecuencia o intimidad.

También, cuando tenemos una pareja, hemos de desarrollar el disfrute de los espacios que queremos compartir, como, entre ellos, el del encuentro sexual. Los intereses varían en los diferentes momentos, tanto en las personas como en la relación,[59] y se van adaptando.

Escucharse, expresarse, manejar las emociones y resolver conflictos

En cualquier relación humana surgen desavenencias, puede haber malos entendidos, suposiciones erróneas, o sencillamente hallarse en un mal momento y estar irascible, o decir alguna palabra inadecuada. Es decir, pueden surgir conflictos.

No hay que tener miedo a los conflictos o a las desavenencias. Somos diferentes, y a veces nuestras opiniones, comportamientos y actitudes convergen, y otras no. Pero lo que sí es muy importante es **saber resolver bien un conflicto, porque la forma en que nos colocamos o lo abordamos generará maltrato o buentrato**.

Por una parte, **un conflicto genera malestar** y, a veces, enfado, cuando la persona se ha sentido mal tratada por una palabra, un gesto o un determinado comportamiento de la otra persona.

Cuando aparece un conflicto, caben *varias opciones* que dañan y no resuelven:

- **No comentarlo**. Así no se resuelve el conflicto, es como si quisiéramos **negarlo**, pero el conflicto nos carcome por dentro y genera un malestar que, tarde o temprano, explota en ocasiones, en momentos imprevistos.

- **el silencio, el mutismo, como manifestación de reproche o castigo**. No hablarle a la otra persona, aunque la otra persona desee comentarlo para resolverlo. Este silencio no tiene nada que ver con el que he comentado anteriormente acerca de la necesidad personal de reflexión, de introspección, etcétera. En este caso, se utiliza como manifestación de castigo y daño.

- la **reactividad emocional**, es decir, frente al daño que siento, respondo con otro. Es el «¡Y tú más!». Es decir, frente a una palabra inadecuada, se responde con otra inadecuada, y eso va generando una espiral de violencia donde las personas no resuelven y quedan mucho más dañadas.

Todas esas opciones son inadecuadas, aunque frecuentemente las hacemos.

Y está la otra opción: frente a un conflicto hay que hablar, **hay que expresar** el malestar para resolverlo. **Para resolverlo, no para dañar** a la otra persona. Pero hay que hacerlo en el momento en que estemos en calma, no en el momento de la ira. En ese caso, tenemos que tomarnos un tiempo para calmar nuestras emociones y poder decir aquello que necesitamos expresar, de manera clara, pero con palabras que la otra persona pueda escuchar. Es decir, hace falta:

- tomarse un tiempo y un espacio para **escucharse personalmente y calmar las propias emociones**;

- para calmarnos y centrarnos, **necesitamos un tiempo**, que hemos de darnos y pedirle a la otra persona, antes de reunirse a hablar;

- una vez en calma, debemos ordenar nuestras ideas para **decir aquello que necesitamos decir, de modo que la otra persona lo pueda escuchar**. No valen los insultos, sino, de manera clara, decir lo que nos ha hecho daño, y lo que nos gustaría que rectificase.

Mujeres conversando (cerámica).
(Autora: Coté Velázquez)

Me parece muy útil la propuesta que hace Thich Nath Hanh,[60] que él llama *El tratado de Paz*, y que yo considero un ejemplo de «contrato de buentrato». Se basa en el principio de que ambas personas, en una relación, **queremos estar bien**, y tratarnos bien, pero sabemos que en algún momento podemos **herir a la otra persona o sentirnos heridas** por ella –aun incoscientemente–, y establecemos un **compromiso de resolver el conflicto** en un **breve plazo** –hasta la resolución del conflicto se produce ansiedad y, por lo tanto, se procura resolverlo lo antes posible–, pero desde la serenidad, no desde la reactividad emocional.

Hago una adaptación de ese acuerdo para expresarse y resolver conflictos de pareja o duales, basándome en estos principios.

Negociar

Negociar es una manera de resolver un conflicto, pero también consiste en ver **qué podemos y qué queremos compartir**.

En un conflicto bélico, por ejemplo, se puede responder tirando bombas o tratando de escuchar y ver qué acuerdo podría ser bueno para ambas partes, una negociación.

En la vida cotidiana, continuamente tenemos que negociar: entre lo que tú deseas, lo que yo deseo, y lo que podríamos compartir y que a ambas personas nos viniera bien. Hemos de negociar **espacios** compartidos, hemos de negociar no solo los espacios, sino los **tiempos**, porque nuestros ritmos pueden ser diferentes, **acuerdos** que queremos establecer, o cambiar acuerdos establecidos...

Y siempre tener en cuenta que, para negociar con la otra persona, **primero cada quien ha de negociar consigo mismo/a**: «¿Qué puedo negociar y qué no? ¿Qué es para mí negociable y qué no lo es?

¿Qué es para ti negociable o innegociable en una relación amistosa?

> *¿Qué es para ti negociable o innegociable en una relación de pareja?*

En todas las relaciones hay cosas que sentimos que podemos negociar y cosas que no. Cuando iniciamos una relación consideramos que «estamos de acuerdo»: compartimos más, menos... actividades, valores, espacios, tiempos, amistades, etcétera. Cuando estamos de acuerdo, todo es fácil.

Pero a veces, no estamos de acuerdo y hemos de negociar. **Para cada persona hay cosas que pueden ser negociables y otras que no**.

Que una pareja te golpee «lo normal»,[61] ¿puedes aceptarlo y continuar con la relación, o para ti un solo golpe no es aceptable y supone una ruptura de la relación?

En las relaciones de buentrato, la violencia, el maltrato, no es aceptable ni negociable.

Asumir límites

Eso **forma parte de la negociación**. Las cosas no son totalmente como tú quieres ni como yo quiero, pero han de ser aceptables y gratificantes para los dos.

También hay que asumir los **límites evolutivos**: nos cambia la sexualidad, cambian los cuerpos —algo importante de aceptar en las relaciones de pareja—, los tiempos, ritmos, o estados de ánimo de las personas con las que nos relacionamos. Eso, a veces, suele generar frustración. Pero, nos frustre o no, es una realidad que tenemos que aceptar. Tenemos límites. Una cosa es lo ideal —lo de los cuentos— y otra, lo real. Blancanieves y el príncipe no envejecen, no se cansan... nosotras/os, sí.

A veces queremos compartir *todo* el tiempo, el espacio, las actividades... con alguien que queremos, con una persona amiga, con nuestra pareja. No es posible. La otra persona puede o quiere compartir unas cosas y no otras, o no puede o no quiere darnos *todo* lo que queremos, nos ponen límites.

También **la vida nos limita**: no tenemos suficiente vida ni tiempo para hacer todo lo que queremos, y conocer o relacionarnos con todas las personas del mundo. Así que podemos relacionarnos con aquellas que confluyamos más, con las que nos elijamos mutuamente, con los límites que cada quien tenemos.

Aceptar frustraciones

Como he comentado anteriormente: **hay frustraciones que tenemos que aceptar y frustraciones que no tenemos por qué aceptar**. La frustración tiene que ver con nuestras expectativas y se genera cuando nuestra expectativa no se cumple.

En nuestra infancia, cuando esperábamos juguetes para el día de Reyes[62] –actualmente se ha incorporado en España también la fiesta de Papá Noel–, mirábamos en las jugueterías los juguetes y decíamos: «Quiero este, y este, y este...». Los queríamos todos. Y finalmente recibíamos uno o unos pocos. No se pueden tener todos los juguetes. Y ese punto de frustración es importante aceptarlo, ayuda a aceptar los límites y te ayuda a entender lo posible.

Por ejemplo, en los procesos amorosos, en una relación de pareja, el inicio de la relación suele ser fusional,[63] en la que generalmente vivimos a la persona como «perfecta», porque la idealizamos. Más tarde, hemos de aceptar la frustración de que la persona no es exactamente como la imaginábamos; podemos ver que hay cosas en ella que nos gustan y otras que no. Entonces tenemos que hacer el duelo de la etapa anterior –idealizada– y de nuestras expectativas, para poder abrirnos a una experiencia amorosa con la persona, de manera más realista.

O, por ejemplo, tenemos que aceptar la frustración de que nuestra pareja no está siempre disponible sexualmente. Eso no significa que haya perdido el deseo sexual hacia nosotros/as, ni que ya no haya seducción; puede ser que esté agotado, que esté en la crianza con un ritmo de sueño y vigilia diferentes, que esté atravesando una etapa de estrés laboral, etcétera.

Sin embargo, hay otras frustraciones que NO tenemos por qué aceptar; como he comentado, en toda relación hay acuerdos. No tenemos por qué aceptar que se rompan los acuerdos unilateralmente, ni tenemos por qué aceptar que se nos trate de imponer algo que para la persona es innegociable. No tenemos por qué aceptar una relación de maltrato, no tenemos por qué aceptar la violencia, ni física ni psicológica, etcétera.

En cualquier relación humana, amistosa... hay que aceptar ciertas frustraciones, porque no siempre podemos coincidir en los mismos intereses, tiempos y disponibilidades.

Tener proyectos compartidos

En las relaciones, tener proyectos compartidos une y genera placer, el placer de compartir. Puede ser, por ejemplo, crearse un espacio laboral, o crear algún espacio social...

Los proyectos compartidos crean amistades, crean relaciones. Nuestra energía se multiplica cuando compartimos, se genera una alquimia.

Cuando se comparte un proyecto, no toda la gente que se acerca a colaborar es afín –sobre todo cuando es un proyecto social–, pero existe, de principio, alguna afinidad, lo cual posibilita un acercamiento intelectual o emocional; el proyecto tiene un sentido para esas personas, y la participación misma, el compartir, produce placer, un placer que, más allá del momento, puede quedar en las memorias de quienes compartieron.

Las amistades se nutren también de lo compartido; y lo compartido nutre y posibilita amistades. Imprescindible que exista también algún proyecto en una pareja.

El proyecto compartido va más allá del espacio compartido, del que ya he hablado. El espacio compartido puede ser casual, azaroso. Por ejemplo, podemos encontrarnos en el teatro con personas a las que vemos frecuentemente, y de ahí, iniciar una conversación, y más tarde, un vínculo. Podemos confluir con personas adultas en representaciones de marionetas infantiles porque tenemos algo en común: a nuestras niños y niñas que llevamos a las representaciones. Y de ahí, pueden salir vínculos, no solo entre los niños y niñas, sino también entre las mamás y papás.

Compartiendo el barro. (Autor: Coté Velázquez)

Otra cosa diferente es un proyecto en el que se pone una **intención concreta**, que coincide para ambas partes. No necesariamente estableces proyectos con amistades, pero puedes compartir actividades en las que te encuentras bien. Más allá de una posible amistad, el proyecto tiene una fuerza que une; al menos, mientras dura dicho proyecto.

Personalmente, recuerdo épocas de mi vida en las que he participado en la creación de algunos proyectos: la Societat de Sexología del País Valencià, o la Asociación de Mujeres para la Salud –más tarde llamada Asociación de Mujeres para la Salud y la Paz–, o la Fundación Terapia de Reencuentro. Y continuo compartiendo otros.

En una pareja, por ejemplo, tener criaturas puede ser uno de los proyectos compartidos. Día a día se pueden crear otros.

Saber despedirse, hacer los duelos necesarios

Un duelo duele. Por lo tanto, es una situación difícil para las personas integrantes de una relación.

Sin embargo, cuando una relación se siente que ha terminado, cuando no es posible negociar o establecer acuerdos básicos, o no se disfruta conjuntamente, o se considera que la relación es tóxica, **hay que saber despedirse**. Es más fácil –siendo siempre difícil– cuando ambas personas aceptan la despedida, o la ruptura de la relación; sin embargo, no siempre es así, porque los ritmos de cada persona pueden ser distintos, o porque hacen diferentes valoraciones de la situación, o porque una/o quiere despedirse y la otra persona, no.

Una relación no puede mantenerse cuando una de las dos personas no quiere. Nos guste o no nos guste, estemos de acuerdo o no, cuando en una relación una de las dos personas quiere despedirse, hay que **aceptar el No** –«no quiero continuar».

El proceso de despedida genera muchas emociones, sensaciones corporales, nos puede tirar por tierra muchas o todas nuestras expectativas, a veces nos sentimos desvalorizados/as, etcétera, pero es un **proceso ineludible para cerrar una etapa y abrir otra**.

El duelo es **individual**, aunque se genere en un proceso dual. En una relación, **cada cual ha de elaborar su duelo**, su propio proceso. Cada persona ha de hacerse cargo, como en cualquier vivencia, de sí misma, de elaborar y transformar todo lo que le acontece.

Explico el proceso de duelo de la siguiente manera:

- El proceso de duelo se inicia con un *desamor* de las propias expectativas; por ejemplo: «yo pensaba que esta relación iba a durar siempre».

- Se genera una sensación de *pérdida*, como de vacío. Es la pérdida de mis expectativas.

- Esa sensación de vacío se vive como una cierta experiencia de *muerte simbólica*; simbólica porque la persona no se muere, pero siente que algo se muere en ella.

Cuando vivimos una muerte, estamos de luto, estamos de *duelo*. Hasta mediados del siglo XX, en España, cuando alguien moría, se realizaban unos rituales, como para expresar socialmente el duelo. Las mujeres de la familia –también aquí se ven las diferencias de género– se vestían de negro y los hombres de la familia se ponían un brazalete negro de tela en una de las mangas de la chaqueta. Pero, además, no se iba al cine, no se ponía música, etcétera. Es decir, se trataba de mostrar en el afuera, en lo social, lo que ocurría en el adentro: la pena, la tristeza... Actualmente, no se hacen esos rituales; el proceso de duelo se elabora internamente y está más invisibilizado en lo social.

En este apartado, quiero centrarme en el duelo simbólico, por ejemplo, en el final de una relación o en la separación de una pareja, o ante un proceso de enfermedad grave, nuestro o de seres queridos. Por lo tanto, tras esa experiencia de «muerte simbólica» hay que hacer un DUELO. Pero el duelo no es una acción, o un comportamiento, es un proceso interno y tiene unas fases.

Las fases del duelo pueden variar, en el orden, de una persona a otra, pero aproximadamente se muestran en esta secuencia:

- *Negación*: No querer enterarse, no verlo, no oírlo...

- *Ira*: El enfado contra la persona que sentimos que nos hace sufrir, o contra el mundo...

- *Negociación*: Intentar por todos los medios que no se realice el duelo, que se arreglen las cosas de alguna manera: tratando de «negociar», pidiendo perdón, enfadándose, tomándose una revancha... («Y si yo...»).

- *Depresión*: Actitud un tanto victimista: «Pobre de mí, que desgraciada/o que soy, ya lo he intentado todo...; No hay nada que hacer, nunca seré feliz...».

- *Pseudoaceptación*: Tratar de racionalizar: «Bueno, esto es normal, a todos nos puede ocurrir..., las cosas se acaban...». Pero no se ha hecho todavía el proceso; se trata de aceptar intelectualmente, pero no se ha «digerido» la emoción.

Y a partir de ahí, la persona vuelve una y otra vez a expresar rabia, depresión, tratar de «negociar», querer olvidarlo, no enterarse (negación), tratar de racionalizar, deprimirse, montar en cólera... como si fuera un **proceso laberíntico** en el que no se sabe cómo hacer.

Y ese proceso, especialmente de enfado, tristeza y miedo, dura un tiempo. Cada cual tiene sus tiempos, su ritmo. A veces se puede hacer individualmente, y en otras ocasiones se necesita un apoyo terapéutico, porque la persona no sabe cómo salir y se queda como «enganchada» a alguna de las fases, generalmente la ira o la depresión.

Llega un momento en que aparece otra fase:

- *Aceptación*. Después de tantas emociones, de tanto conflicto interno, surge una sensación de paz, de paz interior. Es como si dijéramos: «Está bien. Así es. Esto pasó». Y las emociones que nos hacían daño desaparecen, y queda como una calma. Ha desaparecido el «enganche» emocional, el enfado, la tristeza... Estamos en otro punto, en otro lugar. Las cosas se ven con más distancia, con más serenidad, y con paz interior.

Y podemos vernos dónde estábamos –en las anteriores fases– y dónde estamos ahora. Se ha elaborado el duelo.

Posteriormente podemos encontrarnos en otra fase:

- *Agradecimiento*. Agradecemos a la vida el aprendizaje vivido, dónde estábamos y dónde estamos. Se cerró una etapa. Se abre otra. Vemos con distancia lo que pasamos y estamos en paz.

Esta última fase es muy espiritual. No todas las personas consiguen experimentarla. Está más conectada con el perdón y la resiliencia, una transformación profunda.

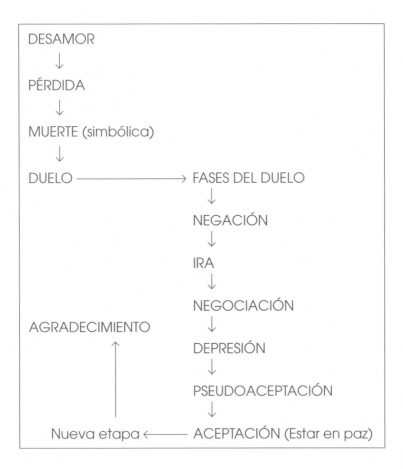

EL BUENTRATO
EN LO SOCIAL

23. Cambio de valores: educación en otros valores

Hemos sido educadas/ os en valores, pero ¿qué valores? ¿Qué valores propician la discriminación, la violencia, la lucha, las guerras, las humillaciones...?

Otro modelo social ha de estar basado no en las relaciones jerárquicas entre sus miembros, como es el modelo patriarcal, sino en unas relaciones igualitarias, con respeto a las diferencias.

En este apartado quiero hacer referencia a educar en valores, en otros valores que favorezcan el buentrato, las relaciones solidarias, las negociaciones, el respeto y la paz.

Las instituciones deberían asumir, al igual que lo hiciera la comunidad, esos otros valores y promocionarlos en las escuelas, en los medios de comunicación, en las instituciones, en la comunidad.

No somos iguales, todas las personas **somos diferentes**. Pertenecemos a diferentes culturas, razas, etnias; unas personas son religiosas, otras no lo son; hay diversidades sexuales, diversidades funcionales... Pero todas merecemos respeto y todas deberíamos tener igualdad de oportunidades para desarrollar nuestras capacidades.

Los seres humanos somos **interdependientes**, unas/os de otros/as y con la Naturaleza. ¿Quién hace el pan que nos comemos? ¿Quién hace la harina? ¿Quién cultiva los campos de trigo? El trigo, los campos necesitan agua, necesitan sol, lo cual nos da la Naturaleza. ¿Pensamos en ello?

Al igual que hemos aprendido de nuestra madre, de nuestro padre –lo que nos gusta y lo que no–, llevamos la memoria de nuestros ancestros, los que conocemos y los que no. **Cada cultura, cada población, cada persona puede enseñarnos y podemos cooperar**. Hay pueblos hábiles en el textil, en los dulces, en la artesanía, que han desarrollado mucho la espiritualidad, el arte, que descubrieron la escritura, el papel... **Cada pueblo tiene su sabiduría; también las personas que conforman los pueblos**.

En ese sentido, los valores para un modelo de igualdad con respeto a las diferencias, que potencie el buentrato, han de ser distintos a los valores patriarcales, de lucha, competencia, desigualdad, guerra...

Habría que potenciar: **la cooperación** entre las personas, como una forma de interdependencia y de ayuda mutua; **la solidaridad**, sentir que formamos parte de una misma humanidad y colaborar con quienes lo necesiten con **empatía**; **el respeto** por las personas, seamos más o menos diferentes, y a las cuales vamos a pedirles el mismo respeto. Hay que aprender a **escuchar** y a **negociar**.

La solidaridad, con el fin de facilitar que las personas y los pueblos puedan tener las mismas oportunidades para vivir una **vida digna**, puedan **estudiar**, **trabajar** y tengan posibilidades de desarrollar su **creatividad**, sepan reflexionar, aprendan a realizar trabajos en equipo y desarrollen un **sentido ético y ecológico**, **integrador** entre los seres humanos y los seres del planeta y la Naturaleza. Eso generaría otra manera de estar en el mundo y de relacionarnos.

Casi toda la conducta humana es aprendida y no heredada biológicamente [...] los cambios con frecuencia son muy difíciles de hacer en solo un área.

[...] nuestra propia cultura es solo un diseño para vivir entre muchas, en la historia de la humanidad.[64]

24. Algunos aspectos del buentrato social

La igualdad, la equidad y los derechos humanos

No somos iguales, pero todas y todos tenemos derecho a que se nos trate en un plano de **igualdad, respecto a nuestras diferencias, y se respeten nuestros derechos como personas libres, en desarrollo, para crecer en salud y generar salud social**.

No importa que seamos mujeres u hombres, de una u otra edad, raza, cultura, diversidad o creencias religiosas. Todas las personas somos únicas. No hay por qué jerarquizar las diferencias, sino valorarlas en su particularidad.

Una regla de **convivencia** sería el respeto a esas diferencias, sin imponerse a los demás, a su sistema de creencias, con el límite de **que no se dañara a personas o colectivos**; que lo que se buscara fuera un desarrollo armónico de las personas y de la comunidad, donde **cada cual encontrara su espacio de desarrollo**, sin que afectara a los demás, **complementándose** con otras personas en los aspectos que decidan.

Los límites del respeto a las diferencias culturales, religiosas, sexuales, etcétera, viene dado por los Derechos Humanos. No pueden respetarse costumbres y actos que atenten contra la integridad de las personas o contra su dignidad.

Los Derechos Humanos se van consensuando para sentar las bases de una convivencia armoniosa, que propicie el desarrollo de todos los seres humanos, con independencia de su lugar de origen.

Pies. (Autora: Marigela Orvañanos)

El respeto a las diferencias: el respeto a las diversidades

No solo las personas somos diferentes, sino que la diversidad enriquece y ayuda a relativizar, a ampliar perspectivas y descubrir singularidades.

Rótulo de «No discriminación»

En un mundo donde se «normalizan» estadísticamente personas y comportamientos, quedan fuera, como anómalas, personas que no se ajustan a esa «normalidad», con lo que la sociedad las margina, las excluye, categoriza y patologiza.

Pensemos en la «epidemia» actual de niños/as categorizados como TDH (o TDA, Trastorno de Déficit de Atención por Hiperactividad). Medicados desde los primeros años de vida

por «hacer berrinches», «llorar cuando van a la escuela...».
¿Alguien se pregunta qué les pasa, qué tratan de decir? ¿Qué
ocurre en lo social para que surja esta «epidemia», como en
otros momentos surgieron otras? ¿Quién dicta lo que es normal y anormal? ¿Cómo cambian los criterios sociales para que,
en un momento u otro, se consideren comportamientos o cuerpos, positivos o negativos, generando discriminación en las
personas «diferentes»?

En relación a lo diferente, a lo marginal, y cómo colocarnos frente a ello, un joven psicólogo mexicano me remite un
texto, sobre su experiencia educativa en espacios violentos,
donde fácilmente se puede excluir y marginar. Y cómo se podría también trabajar con otra mirada en ese contexto. Desde
la empatía y la resiliencia.

La vida con un nuevo par de anteojos

Cierto es que podemos tener una infancia a la que percibimos
como dolorosa, desastrosa y que nos lastima, pero también tenemos la oportunidad de ver esa infancia como una serie de
acontecimientos que brindaron conocimiento y experiencias en-
riquecedoras para en un futuro **entender a aquellos y aquellas
que estén pasando por una situación similar.**[65] Es así **como
la transformación de experiencias no gratas sirve como base
del conocimiento, de la empatía y la tolerancia.**

La experiencia de poder intervenir en una población inmersa en el ambiente violento me permitió descubrir recursos propios y del equipo con el cual tuve la dicha de trabajar.

La posibilidad de ofrecer apoyo a aquellos que te rodean te motiva a hacer contacto contigo, con esas partes de ti o recuerdos que eran dolosos, dando así la oportunidad de conocer la escucha profunda y sobre todo la motivación a encauzar experiencias tempranas en algo que te permita hacer saber a los demás que existen más posibilidades de hacer frente a los altibajos de la vida, de proclamar que no se está solo en ningún momento de esta y de que si no hay personas físicas, te tienes a ti mismo, sabiendo quién eres, que recursos posees y las habilidades con las que cuentas para alcanzar las metas que te propongas.

En mi caso puedo decir que **el proceso terapéutico personal, las redes de apoyo familiares y de amistad, el respeto hacia mí mismo, la tolerancia**, la formación de una **escucha desde una postura de respeto**, el uso del **aprendizaje** obtenido en las aulas de clase y una **atmósfera de compañerismo** permitieron que se lograran cambios impresionantes en el grupo de niños en el que se realizó la intervención. La disposición a hacer algo por el otro permitió que estuviera más proclive a establecer vínculos cercanos con esos niños que tenían la confianza de regalarme un pedacito de sus emociones y sentimientos en cada uno de sus relatos.

Pudiera exponer aquí una experiencia que marca un antes y después en mi formación como psicólogo, pues el día que terminamos la intervención tuve la dicha de escuchar unas palabras mágicas que decían: «Paco, ¿ya no van a venir otra vez? A lo que respondí: «No, ya no, hoy es la última ocasión que nos vemos», teniendo como respuesta lo siguiente: «Te voy a extrañar, los voy a extrañar y aunque ya no vengan, yo siempre me voy a acordar de ustedes y de lo que me enseñaron».

Cántaros. (Autora: Marigela Orvañanos)

Esta es la muestra de que ese discurso de ver con otros lentes la vida, de acercarte a otro ser humano con la disposición de apoyarle en lo que puedas y de ver lo malo y lo bueno como aprendizaje más que en términos de sufrimiento y goce, te permiten romper las barreras del egocentrismo y el narcisismo.

Por su parte, la maestra encargada de este grupo tuvo la honestidad de saber pedir apoyo de otros para resolver situaciones y procesos que desconocía, cruzando los muros del trabajo individual al trabajo en grupo con otra disciplina. Esto nos indica que **incluir más que excluir, conocer más que criticar, da la oportunidad a nuestra sociedad de crecer en el sendero del respeto y el apoyo**.

FMG
(Octubre, 2014)

Educación para la paz

Es fácil decir que queremos la paz, como cuando decimos que queremos buentrato, pero ¿qué hacemos para ello?

En primer lugar, para establecer la paz en el afuera –en el exterior–, hemos de establecerla también en el adentro –en nuestro interior–. ¿Estamos en paz internamente? ¿Qué necesitamos en nuestra vida para estar en paz? ¿Hay paz en nuestras relaciones?

Para que los pueblos vivan en paz, sus habitantes han de valorarla, al igual que las instituciones.

La comunidad ha de pedir a las instituciones las herramientas para desarrollar y concretar esos valores; y las instituciones han de elaborar programas donde la comunidad, sus ciudadanos/as, de todas las edades, puedan aprender y concretar sus vidas, sus relaciones, y en lo social.

Eso implica **generar como positivos otro tipo de valores e ir creando herramientas, en cada uno de los sectores de la población** y áreas de trabajo, **para concretarlos**.

Es urgente y necesario aplicar lo que en su día se consensuó como Derechos Humanos para una vida digna y en paz.

Cooperación

A ser autónomos/as personalmente, es a lo que hemos de tender, pero también hay que **saber cooperar.**

La cooperación enriquece a las personas que comparten, y también al producto de la cooperación; obliga a **respetarse** entre sus miembros, negociar, hablar para establecer **normas, acuerdos, prioridades; decidir** entre todos/as el **cómo, dónde y cuándo hacer las cosas.**

En situaciones económicamente difíciles, la cooperación y las cooperativas han sido imprescindibles para la supervivencia de sus miembros, cuyo trabajo redunda en la mejora de todos.

Pero no hay que esperar a recurrir a la cooperación solo en situaciones extremas o de subsistencia; la cooperación es en sí misma un valor, que desarrolla muchas cualidades personales y relacionales, y sugiere, socialmente, un modelo, el de que entre todas y todos podemos apoyarnos.

En los últimos años he visto cómo se extendía, tanto en España como en otros países, la cooperación, especialmente en dos áreas sociales:

- en la *agricultura ecológica*, generando redes de venta directa de la producción en los campos a la consumidora o consumidor, y

- en *cooperativas de viviendas*, generalmente en el campo, como una iniciativa de personas que no desean pasar la vejez en una residencia, sino que quieren vivir en comunidad con otras personas a partir de la segunda mitad de la vida, creándose las condiciones de habitabilidad, ocio o sanidad que consideran que necesitarán.

También se crean asociaciones para apoyo mutuo, como las asociaciones de personas que tienen problemas concretos –cáncer, Alzheimer...– o familiares; o de consumidores, etcétera, para defender sus derechos, o para que se investigue, o llevar programas de actuación, etcétera.

Hombres en círculo (cerámica)
(Autora: Coté Velázquez)

Empatía y escucha compasiva

La escucha compasiva social se genera cuando la desarrollamos también personal y relacionalmente. Se trata de escuchar con el corazón; es sentir el sufrimiento del otro o la otra, y querer ayudarle, querer aliviarle ese dolor.

A veces somos compasivos y solidarios con los demás; pero también hemos de serlo personalmente. También nosotros/as sufrimos, tenemos heridas, sentimos dolor. ¿Cómo escuchamos con compasión? ¿Cómo escuchar nuestras heridas para aliviarnos?

Cuando aprendemos a hacerlo desde una relación de buentrato, sin juzgarnos ni castigarnos, es más fácil también empatizar con los demás.

La escucha compasiva no solo se hace con el oído –cuando nos hablan–, sino con el corazón. A veces, simplemente una imagen, una foto, un gesto despiertan nuestra escucha. La imagen tiene también ese poder de comunicación, que permite que sintamos ese sentimiento fraternal, con situaciones o personas que desconocemos.

Fácilmente, **la escucha compasiva genera solidaridad**.

Lucía, una mujer muy solidaria que ha participado en mis grupos, me hablaba así de su experiencia de la compasión:

Me llamaba la atención la importancia que le dabas a la escucha comprensiva y compasiva, pero no entendía bien la compasión. Desde lo que aprendí en mi infancia, la compasión era entendida como ver a la persona que sufre como «pobrecita», por lo que le aconteció y ayudarla, y este no era el sentido que se usaba cuando empecé a escucharte ese concepto. Entonces, ¿cuál es?, me preguntaba.

Años después a mi hijo se le presentó una enfermedad grave, y el laberinto en que entró él y nosotros, su familia que le amamos, fue muy difícil y doloroso. Yo entré con los recursos aprendidos: cuidarme para cuidar, acompañar, y dejarme acompañar, amarme y amar; y en esa experiencia comprendí **que la compasión es la conexión amorosa con el dolor propio y de la persona que amas, sin huir, sino escuchándola y escuchándote en las diversas emociones que se presentan y acompañando con todos los recursos para disminuir el sufrimiento lo más posible en tu ser querido, tu familia y en ti misma,**[66] aprendiendo de esa circunstancia para buscar estar bien, lo mejor posible.

Alguien me regaló la diosa china de la compasión, y ahí comprendí que era un símbolo de equidad, un dar y recibir. Comprendí que la compasión es un recurso amoroso en el que integras tus recursos para sostenerte con escucha de tus emociones, cuidado, acompañamiento, amor para poder escuchar, cuidar, acompañar, amar, a quien amas y sufre de la enfermedad, para poder tomar las decisiones necesarias para enfrentar dicha enfermedad; y cuidar las consecuencias con todos los recursos médicos, emocionales, económicos, sociales, de la red afectiva, posibles, durante el tiempo necesario, buscando su recuperación, bienestar, el tuyo y el de toda la familia.

En otras palabras: «La compasión es como un abrazo con flores frente al dolor, al tiritar de frío, en las tormentas de lluvia, de viento, de nieve».

La compasión es la capacidad de mirar el sufrimiento del otro y conectar con el propio, como en un espejo, en un lago de amor, que alivia, con agua fresca, esa experiencia.

Solidaridad

La solidaridad implica el desarrollo de la compasión, entendida como una escucha compasiva; escuchar, sentir, empatizar, con el sufrimiento de la otra persona, ponerse en su lugar y querer ayudarle.

La relación de ayuda no puede ser planteada como una relación de poder, sino **desde una relación de igualdad**: «Tú y yo formamos parte de la misma comunidad humana. Comprendo lo que te ocurre y desearía ayudarte».

Una voluntaria abraza a un niño empapado por el agua del mar, después de llegar, en una lancha hinchable, a la isla griega de Lesbos, procedente de Turquía, el pasado 2 de enero del 2016. (Autor: Olmo Calvo Rodríguez)

En estos tiempos en que hay tanta violencia y maltrato, que aparecen en periódicos y televisiones, hemos visto recientemente a miles de refugiados, refugiadas, de todas las edades, huir de las guerras tratando de llegar a otras tierras, prácticamente sin nada, sin zapatos, sin ropa de abrigo... Esas imágenes que hemos visto han despertado en muchas personas –más allá de la respuesta de las instituciones– un impulso solidario, volcándose a llevarles comida, ropa, medicinas, o dejarles zapatos en las estaciones a las que llegaban en tren.

También ante catástrofes naturales, como un terremoto, surge ese sentimiento de empatía y solidaridad ante quienes sufren. Sin conocerlos. Es un sentimiento de amor, de hermandad, de colocarse en su lugar y querer aliviar su sufrimiento, como nos gustaría que hicieran con nosotros/as, si estuviéramos en las mismas circunstancias.

Resolución no violenta de conflictos: la negociación

Somos diferentes, tenemos distintas historias de vida, aprendizajes, creencias y valores, incluso dentro de una misma sociedad y cultura que nos socializa y modela.

En las relaciones humanas surgen disidencias, problemas, conflictos. ¿Cómo los resolvemos? ¿Con la violencia, o tratamos de buscar puntos de encuentro, personas o formas de mediar en los conflictos? ¿Sabemos negociar entre las partes para llegar a acuerdos?

Los **mediadores o negociadoras** sociales han parado, cancelado, muchas guerras. Actualmente estamos viendo negociaciones para parar una guerra de muchos años en Colombia.

Las personas mediadoras son personas que generan confianza entre las partes. Han desarrollado unos valores, y unas habilidades en las que confiar.

¿Podríamos cada cual llegar a ser mediadoras, negociadores, para frenar la violencia social, para negociar en los posibles conflictos de nuestras relaciones, o en nuestra vida cotidiana?

Si desarrolláramos el valor de las relaciones de paz, ¿harían falta negociadores/as?

Familia afectiva

Dado que es un tema que he comentado anteriormente, en este apartado solo quisiera señalar que la familia afectiva es como crearnos una mini-sociedad, aquella que deseamos tener, de la que nos acompañamos, nos nutrimos, con la que cooperamos de una u otra manera, y en la que nos cuidamos mutuamente.

La familia afectiva, además de la familia biológica, nos acompaña en momentos importantes de nuestra vida, en momentos felices y tristes. Cuando queremos celebrar un acontecimiento gozoso, como, por ejemplo, un nacimiento, la boda —o una unión de pareja—, un cumpleaños, la inaguración de una nueva casa, etcétera. También cuando necesitamos apoyo emocional; por ejemplo, en las muertes de seres queridos.

Parte de la familia afectiva. (Autor: Coté Velázquez)

Convocamos a esas personas, a nuestra familia afectiva, para hacerlas partícipes de nuestra vida; como también ellas nos hacen partícipes de la suya.

Otros ritos de paso

Todas las sociedades tienen ritos de paso. Un rito de paso, de tránsito o transición:

- Es un ritual que marca la transición de un individuo de un estatus social a otro.[67]

- Son actividades asociadas con el tránsito o paso de un lugar a otro, o etapa de la vida a otra.[68]

Muchos de estos ritos universales tienen que ver con el ciclo del nacimiento, bodas o uniones de pareja, y con la muerte.

En las sociedades actuales, en coincidencia con el modelo de violencia, los ritos de tránsito o de paso, especialmente para los chicos, para «hacerse hombres», suele ser la guerra, el servicio militar obligatorio, iniciarse sexualmente con prostitutas, la pelea entre hombres, o mostrar la pertenencia al grupo realizando algún acto violento contra alguien.

Desgraciadamente están apareciendo otros «ritos» entre jóvenes: grabar cómo se da una paliza a un compañero o compañera –también entre chicas–, o burlas colectivas, o acoso escolar, y poner la grabación en las redes sociales, como una forma de diversión, burla, castigo.

También se exigen «ritos» violentos para entrar en una pandilla, una mara: dar una paliza, matar a alguien, etcétera. O de alguna manera, otros ritos entre jóvenes son: el alcohol, las drogas, o actividades de riesgo.

Posiblemente se constituyen en ritos como búsqueda de una nueva identidad, de probar el valor, y tener acceso de pertenencia a un nuevo grupo. No hay que olvidar que los seres humanos necesitamos el reconocimiento y la pertenencia a un grupo. Pero en estos casos, el precio que se paga es muy caro; se reproduce la violencia: la persona daña o se daña a sí misma.

Habría que **crear otros ritos sociales**, como que el joven o la joven cree alguna acción o proyecto solidario, algún trabajo social... En algunos pueblos tradicionales se hace una peregrinación, o alguna acción que implique valor personal, en donde hay que transitar las propias dificultades o miedos y atravesarlos. En España tenemos el ejemplo del Camino de Santiago.

Hay que crear nuevos ritos sociales y mantener o desarrollar aquellos que favorezcan el buentrato.

También sería importante resignificar algunos pequeños ritos que hacemos, a veces como un automatismo social, sin apenas contenido. Se pueden transformar en ritos de paso o rituales de agradecimiento. Hablo por ejemplo de la **jubilación**, o del **cumpleaños de personas de edades muy avanzadas**.

*Homenaje de jubilación a la maestra
Selma González Serratos, pionera
del Programa de Sexualidad Humana
en la Universidad Autónoma
de México (UNAM), como
un reconocimiento y agradecimiento
a lo que ha aportado a la UNAM,
a la sociedad y a la sexología*

*Celebración de una mujer cuando
cumple 80 años, donde su familia le regala
80 flores, como un rito, por lo que
ha transitado y lo vivido*

Buentrato con animales, plantas, minerales y la Naturaleza en general

No podemos hablar de buentrato si no sabemos también **bientratar a la Naturaleza**. ¿Cómo nos hemos distanciado tanto de ella?

Necesitamos su agua, sus plantas..., pero muchos ríos están contaminados, muchos cultivos intoxicados con pesticidas que comemos y nos enferman; mueren las abejas...

Ahora, algunos países y colectivos están volviendo a la agricultura ecológica para cuidar el cuerpo y la salud. ¿Por qué una agricultura ecológica?, ¿por qué la otra no lo es?¿Qué estamos consumiendo?

Los **alimentos nutren nuestro cuerpo**, nutren nuestros diferentes órganos; cada uno de ellos o la combinación de varios: frutas, verduras, especias, cereales... nos nutren las células, son antiinflamatorios, nos desintoxican, alimentan nuestros músculos, sangre, huesos..., o nos intoxican.

Hay todo un conocimiento de la Naturaleza que parece que hemos perdido, o no observamos ni escuchamos.

Sepámoslo o no, **la Naturaleza puede ofrecernos todo lo que necesitamos**.

También necesitamos **los minerales**; unos minerales que no estén contaminados, porque nuestro cuerpo los necesita para sobrevivir igualmente; para equilibrarnos, para sanar cuando enfermamos o nos desequilibramos. El hierro, sodio, potasio, zinc, magnesio...

Los animales pueden ser otros de nuestros grandes aliados. Algunos animales nos sirven de compañía para **mitigar la soledad** en determinados períodos o circunstancias, o simplemente como **amigos incondicionales**. Muchas personas mayores viven en soledad y, con sus animales, se sienten acompañadas. Muchos niños y niñas, jóvenes, e incluso adultos, que por una u otra circunstancia tienen dificultad de relación con sus iguales, o están en la marginalidad, pueden romper su aislamiento, y atravesar dificultades, comunicándose con su perro, su gato, u otros animales de compañía, en especial aquellos a los que se puede acariciar, y que sienten que, al hablarles, los animales los escuchan y comprenden. Los animales no entienden el lenguaje racional, conceptual, pero **muchos entienden el lenguaje del cuerpo, el lenguaje de las emociones** y se comunican a través de los gestos que emitimos, nuestros tonos de voz, etcétera. Y con ello, también van aprendiendo a crear vínculos. Son asimismo importantes en residencias de personas ancianas, o en centros en donde, de una forma u otra, las personas se sienten aisladas y necesitan un acompañamiento incondicional; los perros, por ejemplo son grandes acompañantes.

Y también son grandes **aliados como apoyo terapéutico**, como se ha visto en trabajos con delfines, con caballos, en casos de autismo u otro tipo de problemas. Muchos perros, adiestrados para ello, son los ojos de las personas ciegas.

Y aquellos animales no domesticados, **los animales salvajes**, forman parte del ciclo de la Naturaleza y de la Vida; se autorregulan unos con otros; podemos intervenir en esa regulación cuando se produce un desequilibrio, pero siempre de manera respetuosa. ¿Cuántas especies no están en peligro de extinción por los humanos? ¿Qué diversidad nos estamos perdiendo?

Algunos nos alimentan con su carne –es el caso de las personas y sociedades que no son estrictamente vegetarianas–, pero ¿cómo tratamos a esos animales que nos alimentan con su carne, leche, huevos, etcétera? ¿Se desarrollan felizmente en espacios abiertos, en libertad o, por el contrario, permanecen enjaulados, sin apenas poder moverse?¿Qué calidad de carne o producto comemos?

En culturas antiguas, donde se cazaban animales para dar de comer a su comunidad, la caza estaba ritualizada; había un respeto por los animales, se pedía y agradecía a los animales por su alimento. Había una comunicación, una interacción para compartir, sobrevivir y respetarse. También con la Naturaleza se utilizaba lo que se necesitaba, y el resto se mantenía en la Naturaleza para cuando se volviera a necesitar.

Se está descubriendo también que los **venenos de muchos animales**, como la serpiente, el alacrán, etcétera, tienen una utilidad, y unas propiedades para la **curación** de dolores o enfermedades humanas.

Hay mucho por descubrir, compartir y observar de los animales, las plantas y la Naturaleza en general, para aprender.

Enseñar buentrato en las escuelas

¿Por qué me centro en las escuelas cuando se debería hacer una educación en valores de buentrato en todos los niveles sociales?

La educación en valores en buentrato ha de ser transversal, en todas las edades y estratos sociales.

El hacer hincapié en las escuelas es porque la escuela es un campo de aprendizaje por excelencia, fundamental. **Las primeras edades**, y especialmente los primeros años, **son fundamentales para la educación afectiva, en creencias y valores**. También allí aprendemos a compartir con otros niños y niñas, jugamos y establecemos competencias o cooperación.

El desarrollo emocional es muy importante. Los niños y niñas que juegan, que se sienten queridos, bien tratados, en un ambiente armonioso, que desarrollan su creatividad, son más felices. Muchas de las escuelas, con un enfoque en lo que se ha llamado Renovación Pedagógica, dan mucha importancia a esos valores, el desarrollo del pensamiento crítico, la discusión creativa y la negociación.

Mi hijo fue a una de esas escuelas donde se establecían asambleas de profesorado y alumnado para hablar de lo que les gustaba y lo que no, para escucharse mutuamente y organizarse.

Observé una metodología similar, en el campo de la salud, cuando en cierta ocasión, allá por los años 1990, asistí en el Bancadero –un centro comunitario de apoyo psicológico que surgió en la ciudad de Buenos Aires– a las asambleas que se hacían entre terapeutas, profesorado, coordinadoras/es de grupo y las usuarias y usuarios del centro.

He visto también ese ambiente de libertad, acogedor, de creatividad y buentrato en las Escuelas Comunitarias de la Red Conecuitlani, en México, cuando las visité. Estaban ubicadas en zonas populares de la Ciudad y estado de México; en barrios, a veces muy violentos. Se les enseñaba, entre otras cosas, a distinguir –desde los 6 años– lo que era maltrato, el respeto y el buentrato.

En las escuelas se vive, además de la **infancia**, una etapa evolutiva crítica: la **adolescencia**; con una búsqueda de identidad, de reconocimiento, y de reconocimiento social. Es una etapa de crisis existencial. ¿Quién soy yo?¿Para qué estoy aquí? Se buscan experiencias, emociones y formar parte de un grupo.

Vemos que a veces se experimenta peligrosamente con las drogas, o realizando pequeños –o grandes– delitos para evadirse de una realidad que no entienden, o no les gusta, o como un rito de paso para demostrar su valor ante los iguales.

Últimamente vemos muchos de esos actos de violencia y maltrato en las escuelas o Centros de Secundaria cuando se acosa a chicos o chicas por ser diferentes, o introvertidos, o por su diversidad sexual, o simplemente por divertirse con ellos, o mostrar la relación de poder. Día a día se les insulta, golpea, humilla, se ríen de ellos, el grupo, o el líder al que los demás acompañan y aceptan. Frecuentemente se graban las palizas con el móvil y se llevan a las redes sociales para burla de todos. Eso acaba destruyendo a los chicos y chicas acosados, que acaban en algunos casos suicidándose.

Reírse, divertirse con el sufrimiento ajeno, no es un juego, no es divertido. Es un maltrato, que no solo destruye a quienes lo viven, sino que también denigra y deshumaniza a quienes lo ejercen.

En algunas escuelas están tratando de abordar el tema en las clases, mediante reuniones con profesorado y madres y padres.

Actualmente, creo que, en el ámbito escolar con programas de formación de profesorado, charlas con madres y padres, y trabajo con el alumnado, se está incidiendo en esa otra forma de educación en **valores solidarios**, pero poco se puede hacer si no se estimulan esos valores en otros ámbitos sociales.

(Autor: Heinz Hebeisen)

En algunos centros está apareciendo ya la figura de **mediadores/as** entre el alumnado, para la resolución de conflictos entre sus iguales. Se están haciendo talleres creativos: con música, con teatro, etcétera, para que se expresen emociones, se hablen, se compartan.

También es importante el desarrollo del **amor y respeto hacia los animales, las plantas y la Naturaleza**.

Dañar, hacer sufrir a un animal, es una manera de justificar y normalizar la violencia, y deshumanizarnos y embrutecernos como personas.

Por el contrario, hay que enseñar que de los animales se puede aprender mucho: a desarrollar la capacidad de observarlos y ver su independencia, su fidelidad afectiva, la cooperación en colonias de animales...

Aprender disfrutando. (Autor: Heinz Hebeisen)

Lo mismo con la Naturaleza, a la que hay que aprender a respetar y ayudarla. La Naturaleza, como todo lo que nos rodea, nos ayuda también en nuestro desarrollo espiritual, con la contemplación de su belleza, de su fuerza, de su fragilidad, la sutileza de su perfume, de sus colores y de sus formas.

Otros temas que se trabajaron mucho en España desde la década de los 70 del siglo pasado, tanto a través de los movimientos de mujeres como de los movimientos de Renovación Pedagógica, fueron la coeducación, la igualdad y la no discriminación de género.

PARTE IV

PROYECTOS DE AMOR[69]

¿Qué sería para ti un **proyecto de amor**?

¿Recuerdas algún proyecto de amor que hayas realizado? ¿Piensas en alguno que podrías realizar?

El buentrato es una expresión de amor, hacia nosotras/os y hacia los demás. Pero eso a veces parece muy general y puede quedar en meras palabras. Por lo tanto, para que orientemos nuestra vida hacia el buentrato es conveniente concretarlo en pequeños proyectos, que sean proyectos de amor.

Un proyecto de amor es una concreción del buentrato, de nuestra energía amorosa, para nuestro bienestar, de quienes nos rodean y hacia nuestro entorno.

25. Formas de experimentar el amor

Cuando hablo de proyecto de amor, esto podría identificarse con un proyecto de amor de pareja, pero lo que planteo no tiene que ver con esto. Por supuesto, el amor en la pareja y en la estructuración de esta, podría ser un ejemplo de proyecto de amor relacional, pero eso sería uno de tantos ejemplos, una concreción.

En nuestra sociedad, asociamos frecuentemente el amor a la pareja; hasta tal punto que, cuando no se tiene pareja, hay personas que expresan que «no tienen amor».

Pero el amor forma parte de la existencia humana, **es una experiencia universal del ser humano**, que se puede experimentar y expresar, se tenga o no pareja. Es una experiencia vital que se experimenta a la altura del corazón, de nuestro pecho, como una apertura del corazón, y tiene que ver con **sentirnos parte de algo, de conexión con el universo, el cosmos, la Naturaleza, la humanidad**.

Podemos percibir dos formas de experimentar el amor: lo que llamaría 1) el amor universal, y 2) el amor particular (o social).

El **amor universal** es la capacidad de experimentar amor y vincularnos a todo ser humano. El ser humano es un ser social y necesita amar y ser amado, crear vínculos. Todas y todos tenemos esa capacidad de amor y conexión. Se experimenta «en situaciones concretas en que vivimos la conexión profunda con la humanidad, con los animales, con la naturaleza, con las personas... Sentimos que hay algo que nos une, es una vivencia de amor incondicional. Estamos abriendo nuestro corazón y sentimos que formamos parte de esa unidad, que estamos interrelacionados. Esa es una capacidad de amor de cualquier ser humano, no importa raza, sexo o edad podemos experimentarlo».[70]

Esa manera de experimentar el amor no nos genera problemas, es incondicional.

Sin embargo, lo que habitualmente consideramos «amor» en nuestra sociedad es una forma limitada y condicionada de expresar esa energía amorosa que tenemos, o de interpretarla, y que está determinada por lo social, por la cultura y la sociedad en que hemos crecido y el momento histórico. Muchos de los conflictos intrapsíquicos, de género y relacionales, se basan en lo que entendemos por amor, especialmente con la idea actual de amor romántico o amor-pasión, y tratan de justificar procesos que a veces no tienen nada que ver con el amor, como la opresión o la manipulación. Eso sería lo que llamo **amor particular**, la forma que tenemos de entender, cada cual, dentro de unos cánones socioculturales, y desde nuestras creencias e historia personal, la experiencia amorosa.

Los proyectos de amor son una forma de **crear y vincularnos** más armónicamente, **desde el bienestar y para el bienestar**. Podemos desarrollar nuestra capacidad de amar y crear con proyectos amorosos (tengamos o no pareja). Los proyectos amorosos a veces son muy personales; otras veces, los proyectos de amor son compartidos con otras personas, y otras veces son proyectos de amor que redundan directamente en la comunidad, en la Naturaleza, en la sociedad.

Puede ser cualquier proyecto que sentimos que nos ayuda, nos hace bien, queremos conseguir y con el que nos comprometemos. La clave es que los proyectos de amor no son hacer algo «porque debo hacerlo», sino que se establece un **compromiso personal** –no proviene del exterior, de un «tener que hacer»– con el **bienestar**, con aquello que siento que favorece el goce, la salud, la mejora de las relaciones y el **buentrato**. Esos proyectos de amor son **incondicionales**, manifestamos el amor sin esperar nada a cambio; sin embargo, el amor que se da ejerce también un efecto amoroso interno, **se da y se recibe**.

Los proyectos de amor tienen una duración, se abren, concluyen, abrimos otros... Son generalmente pequeñas cosas, que a veces coinciden con proyectos de otras personas (pareja, nuestros amigos, personas con intereses similares...) con las que podemos disfrutarlos, y otras veces los realizamos de manera autónoma, sintiendo nuestra propia capacidad amorosa, creativa y transformadora.

26. Proyecto y proyecto de amor

La diferencia entre un proyecto y un proyecto de amor es *la intención amorosa* que se pone en ello. Habitualmente tenemos proyectos a lo largo de nuestra vida: estudiar para aprobar un examen, leer para distraernos, independizarnos de la familia de origen, viajar, etcétera. Y cualquiera de esos proyectos está muy bien: nos distraen, relajan, aprendemos... También podemos tener proyectos laborales, económicos, etcétera.

Sin embargo, cuando estructuramos un proyecto de amor, ponemos una *intención concreta* y consciente hacia el bienestar, hacia el buentrato personal, para otras personas y para favorecerlo también en la comunidad, tanto humana, como animal o medioambiental.

Hablaré de algunos de los proyectos que de una u otra manera he conocido, trabajado con otras personas, o de los que me han hablado, de modo que ello permita facilitar en cada persona su propia creatividad.

Algunos proyectos son sociales, otros relacionales, otros personales..., pero sean como sean, cualquiera de ellos incide en esas tres dimensiones, es decir, ayudan al individuo, a la comunidad y a las relaciones. Se habla de:

1. El contrato de buentrato
2. El contrato de buentrato y las creencias
3. El contrato de buentrato y el proyecto de amor

El contrato de buentrato: Habitualmente, en muchos de los grupos de Terapia de Reencuentro, y especialmente en los grupos comunitarios, hacemos un ejercicio sencillo. Generalmente, como conclusión de los talleres, para ver si han entendido el concepto de buentrato, y a partir de ahí entender el concepto de proyecto de amor.

Ejercicio

Cierra los ojos, y por un momento haz una pequeña recapitulación de lo que ha sido este último año en tu vida.

Piensa en las cosas que te han ocurrido que para ti han sido importantes... Las emociones, los pensamientos más frecuentes... Las circunstancias que han ido aconteciendo...

Ahora piensa, **qué has vuelto a repetir en ese año, en tu vida, que NO te va bien.**

Escríbelo en un papel, en forma de frase corta, sin explicar ni justificar nada. Muy concreto.

Ahora, a partir de ahí, piensa, a **qué te comprometes, qué quieres conseguir para ti, que te ayudaría a estar mejor, y que dependa solo de ti**.

Escríbelo en un papel de forma muy concreta. Puede ser una pequeña cosa, una pequeña acción, pero que para ti sea muy importante conseguir realizarla.

Eso que escribes ahora, y que te comprometes ante ti misma/o a conseguir, es **un contrato de buentrato**. Puedes poner lo que quieras, pero te comprometes a realizarlo, en el plazo de... 6 meses.[71]

Normalmente, todas las personas lo realizan con facilidad. Quienes quieren lo leen públicamente, y de esa manera podemos corregirlo cuando no está bien planteado. Por ejemplo: «Que mi pareja sea más cariñosa conmigo». Ese NO es un contrato de buentrato porque no depende de ti. Solo puedes plantearte conseguir lo que dependa de ti.

Ejemplos de contrato de buentrato:

- No decir que SÍ a todo lo que me piden, sino a lo que estoy de acuerdo.

- Ser más tolerante conmigo y con los demás.

- Escuchar más a mis hijos cuando me hablan.

- Comprometerme más en lo social, vinculándome a una organización para la defensa de los derechos humanos (o de los animales, etcétera).

A partir de ahí, van entendiendo que el contrato es un compromiso personal, por lo que se requiere una energía, una motivación para realizarlo, o para poner los medios adecuados. Por lo tanto, eso genera autoestima, confianza en sí misma/o y buentrato.

● ● ●

El contrato de buentrato y las creencias: Algo que va un poco más allá, que podemos reflexionar, investigar, es qué creencia sostenía lo que antes hacíamos, que no nos iba bien. Por ejemplo: «Algo que no me iba bien y repetía era decir SÍ a todo lo que me proponían, aunque no me gustara».

Las *creencias antiguas* posibles podrían ser: «Yo no soy importante», «Lo que yo pienso, no vale», «He de decir que sí para que me quieran».

Al establecer el contrato de buentrato: «No decir sí a todo lo que me piden o proponen, sino a lo que esté de acuerdo», se produce un cambio de creencia.

La *creencia nueva* puede ser: «Yo cuento», «Primero me escucho y veo si la propuesta que me hacen es buena para mí o estoy de acuerdo».

● ● ●

El contrato de buentrato y el proyecto de amor:

Convierte el contrato de buentrato que has establecido en un proyecto de amor tuyo. No importa que sea una pequeña acción. Pon ahí tu energía amorosa.

El proyecto de amor personal parte de la idea del *contrato de buentrato*. Hemos de tomar conciencia de que nuestra vida nos pertenece y que queremos vivir bien, distinguiendo aquello que nos va bien y lo que no, y estableciendo un compromiso personal para hacer aquello que, dentro de nuestras posibilidades, depende de nosotros/as y nos ayuda a estar mejor. Pueden ser cosas muy sencillas, de la vida cotidiana, u otras que, aunque sean sencillas para otras personas, nos generan dificultad, aunque queremos conseguirlo. Un proyecto de amor personal **es un compromiso con el propio bienestar y con el que podemos comprometernos a conseguirlo porque depende exclusivamente de nosotros.**

A veces, lo que nos proponemos es algo más complejo, y se puede necesitar más tiempo que el que hemos «contratado», pero fijar un tiempo es importante. Hay que marcar un límite, concretar, y poner ahí la intención. Siempre, con flexibilidad. A veces, nuestro contrato es amplio, o a largo plazo...; por ejemplo: «Decidir a qué quiero dedicarme en un futuro». En esos casos, el contrato que se establece puede ser el compromiso de prestar atención a ese deseo y abrirse a ver posibilidades, ver diferentes experiencias, contrastarlas, cómo se sienten... De esa manera *se va focalizando*. Ese es el compromiso: prestar atención, contrastar, focalizar, poner ahí la intención, para poder ir concretándolo.

Hay infinitos proyectos de amor que podemos realizar y que es importante denominarlos así para sentir la intención que ponemos en ellos, para sentir nuestra energía, nuestra motivación, la intención que albergamos, y de esa manera sentirlos realmente como nuestros.

Los proyectos de amor pueden ser muy pequeñitos, cotidianos, sencillos, pero sientes que, aun siendo muy sencillos, te cambian la vida. El realizarlos te da otra perspectiva, te sientes de diferente manera, sientes tu fuerza interior, tu capacidad para realizar otras cosas, quizás más grandes, pero que, seguramente, sin las más pequeñas no se hubieran podido hacer, o no te hubieras atrevido a hacerlas.

27. Ejemplos de proyectos de amor

Empezaré poniendo algunos ejemplos muy sencillos, personales, pero no por ello menos potentes y transformadores para quienes los proponen y realizan. Los han enunciado personas que participan en mis grupos. Cuando empiezan a entender el concepto, tratan de llevar a cabo un proyecto. Parten de su propio deseo y lo quieren dirigir hacia lo social, hacia otras personas, o hacia sí mismas/os.

Los he dividido en sociales, relacionales o personales para mostrar hacia dónde quieren dirigirlos.

Sociales

> *¿Cómo proyectarías en lo social un proyecto
> de amor?*

- Como soy médica, trabajo con un grupo de hombres y mujeres enfermos crónicos. Viven mucho maltrato y tienen una mala percepción de su cuerpo; viven mucha pobreza y miseria humana. Voy enseñándoles cosas que les afiancen en su autoestima. Están respondiendo muy bien.

- Quiero hacer un proyecto con niñas o mujeres maltratadas.

- Como me gustan mucho los animales, me he incorporado a una asociación para dar apoyo económico y pasear a los perros.

- Me costaba integrarme en grupos y pedir ayuda... Hacía berrinches, me maltrataba y maltrataba. No hacía cosas que me gustaban poniendo la excusa del dinero –«Son gastos innecesarios»–. Ahora, he decidido que parte de mi dinero es para hacer sándwiches, dar galletitas y agua, como voluntaria con la gente de mi barrio. Y siento que, cuando me miran, son grandes aliados y maestras. Ahora disfruto de todo. Quiero dar algo mío, a los demás.

- Voy a ayudar a chicas que tienen dificultad para escribir.

- Tenía un proyecto hace años, pero ahora, cuando he entendido lo del proyecto de amor, lo he concretado, y quiero contagiar mi pasión a los chicos y chicas de mi escuela, para que puedan hacer lo que les guste y lo transformen en un proyecto de amor.

- He decidido separar la basura y reciclar. Me cuesta mucho esfuerzo porque nadie tiene esa cultura aquí.

- Me he cortado el pelo y he donado las trenzas para personas enfermas que lo necesitan.

- Estoy recogiendo medicamentos para darlos a la gente que los necesita y no los puede pagar.

Un proyecto de amor social consistiría *en poner parte de mi energía amorosa para ayudar a un mundo mejor, más solidario, generar mayor bienestar a otros*.

Relacionales

> ¿Cómo concretar un proyecto de amor relacional?

Un proyecto de amor relacional es un compromiso, por la parte que me corresponde, *a colaborar en mejorar algo en relación a una persona, un vínculo*.

- Fui a un asilo y aprendí cosas para mayores, que quiero enseñar y concretar con mi papá y mi abuelito.

Pero no hay que olvidar que, en los proyectos relacionales, como en cualquier relación, tenemos límites, los que ponga la otra persona. Muchos de esos proyectos se formulan como un deseo de mejorar alguna relación:

- Con mi pareja, quiero estructurar una buena relación.

- Con mi hermana, que tiene un carácter muy difícil.

- Con mi familia, con la que tengo mucha dificultad. Pero ahora escucho, entiendo, aunque no esté de acuerdo. Sin embargo, puedo tener una mirada compasiva y mantengo la relación.

Personales

> *Piensa en un proyecto de amor personal que has realizado, o te gustaría realizar que sea para ti*

- Para mí un proyecto de amor ha sido cambiarme de casa. Antes estaba a 2 horas del trabajo y perdía mucho tiempo y energía. Me he cambiado a una casa que está a 20 minutos del trabajo, y eso me permite dormir, descansar, leer...

- He sido muy crítica conmigo y con los demás. Mi proyecto ha sido: aprender a tratarme bien, practicar e incorporar los conceptos que he aprendido en la formación; no provocarme dolor —ya hay cosas en la vida que te causan dolor—; no voy al cine a sufrir. Me doy buentrato: no me estreso por llegar, disfruto mi desayuno, mi tiempo y hago ejercicio. Me quiero.

- Tomarme unas vacaciones para descansar. Hace mucho tiempo que no me lo permitía.

- Estuve en una relación de poder que me hizo daño. Mi proyecto es recuperarme emocionalmente, no juzgar a los demás. Retomo mi parte espiritual a través de la oración y de la meditación.

- Ser más tolerante.

- Antes me trataba de una manera muy dura: «Has de ser dura, fuerte; no has de llorar. No vas al cine porque no te lo mereces». Ahora me trato de manera más compasiva.

- Mi atención estaba en el afuera: el trabajo, los amigos..., y no hacia mí. Mi proyecto es volver a mí misma, y dibujar, ir en bicicleta y meditar, que tanto me gusta.

- Terminar una relación de muchos años donde me encontraba mal. Me he permitido estar triste. Pero ahora estoy bien.

Es curioso que muchas de las personas que conozco tienen estancada durante años la tesis de licenciatura porque seguramente la sienten como una imposición académica, una cuestión burocrática. Sin embargo, a partir de reconvertir lo que sentían como una exigencia externa en un proyecto de amor personal, que parte de su deseo, se están realizando ya las tesis:

- Postergaba mi titulación académica porque lo veía como un trámite. Ahora, he decidido convertirlo en un proyecto de amor y he empezado ya el proceso de la titulación que voy a hacer.

A otras personas les cuesta concretar, todavía no están «disponibles»:

- Me cuesta concretar para mí porque había cosas «más urgentes».

- Mi proyecto «debería ser...».

Un mandato no es un proyecto de amor.

Otros ejemplos de proyectos de amor

Hay muchos y muy diversos proyectos de amor. Múltiples proyectos de solidaridad, de voluntariado, con personas, animales o protección del medio ambiente... Algunos son fáciles de ver a quién o quiénes van dirigidos; en otros, es difícil porque integran las tres dimensiones: parten del deseo de alguien que siente el placer de poderlo realizar, intervienen más personas y tiene una finalidad social, o, dicho de otra forma, la sociedad se beneficia de ello.

● ● ●

(Autora: Marigela Orvañanos)

En determinadas playas hay **tortugas marinas**. Algunas entidades recogen los huevos puestos en la arena para que no sean destrozados, o robados, hasta que nacen las tortuguitas. Entonces, se convoca a grupos –escolares, voluntariado– para ayudar a las tortugas a volver al mar.

Las pequeñas tortugas vuelven al mar.
(Autora: Marigela Orvañanos)

● ● ●

Me conmueve ver un **perro con carrito** que pasea por los jardines que están debajo de mi casa. Tiene una dificultad en sus patas traseras –paralizadas–. En su familia de acogida le han construido un artefacto, que mueve con las patas delanteras. Cada vez que lo veo, siento el gran amor que han puesto en ello.

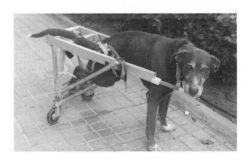

● ● ●

En algunas películas, como *El milagro de Candeal*, hemos visto cómo algunos músicos derivaron parte de sus ingresos con el fin de comprar instrumentos musicales para los jóvenes de un barrio marginal, en Brasil. Se les enseñó a **tocar música** para crear una banda. El barrio ha descendido su nivel de delincuencia y ha mejorado extraordinariamente sus condiciones. También la película *Los chicos del coro* ha estimulado otras iniciativas de crear **coros** en lugares difíciles, como una cárcel.

• • •

Cuando visité el Parque de las **Mariposas Monarca**, en Michoacán (México), me sorprendió que durante todo el recorrido, en silencio, había un chico joven a mi lado. Cuando le pregunté el motivo, me dijo que era para que no se cogiera ni una sola ala de mariposa del suelo –de las que ya han muerto–, porque todo formaba parte del ecosistema.

• • •

Regalar un café a personas de bajos recursos. Este es un proyecto sencillo que se está aplicando en diversas ciudades y países.

• • •

Contar **cuentos a los perros**. Cuando leí esta noticia me pareció muy original. No había oído nada parecido. Un refugio de animales, Humane Society de Missouri (Estados Unidos), que tiene perros abandonados, pide a niños y niñas a partir de seis años y a adolescentes que les lean cuentos a los perros. Cada cual se sienta frente a una cabina y lee a los perros, para que estos se familiaricen y le pierdan el miedo a las personas. Este es un programa de voluntariado: *Shelter Buddies Reading Program*.[72]

Algo similar se hizo en otro estado, en relación a los gatos que esperaban ser adoptados en un refugio: se invita a niños y niñas de primero a octavo grado a **leer cuentos a los gatos**. El programa *Book Buddies* fue diseñado por Animal Rescue Leage of Berks County.

Estas iniciativas fomentan la relación amorosa con los animales, reducen su soledad, sus miedos, y favorece la empatía y el desarrollo e interés por la lectura en la infancia.

● ● ●

Hay algunos proyectos muy interesantes **intergeneracionales**, que potencian la **relación entre mayores y niñas y niños** pequeños, como el de una guardería dentro de una residencia de ancianos y ancianas. El centro, Providence Mount St. Vicent, en Seatle (Estados Unidos),[73] donde ambas poblaciones comparten juegos, diálogos y risas... cinco días a la semana. La experiencia ha sido calificada de muy gratificante para ambas partes.

Otro proyecto intergeneracional, que he oído que se está realizando también en España, es el de pisos en los que viven **personas mayores solas y alquilan una habitación a un coste menor del habitual a jóvenes estudiantes.** Por una parte, las personas mayores tienen compañía, hablan e intercambian con las más jóvenes, y, por otra, las más jóvenes se acostumbran a la escucha e intercambio con las personas mayores, y también les supone una ayuda económica.

● ● ●

Las **Bibliotecas Humanas** se crearon en Dinamarca en el año 2000 y se han extendido a otros países, también a diversos centros españoles.

Tuve conocimiento de este proyecto cuando una amiga me habló de ello, a partir de la realización de una de ellas en un Instituto de Secundaria en la provincia de Alicante (España).

Funcionan de forma parecida a otras bibliotecas, solo que, en este caso, **los libros son personas** que se presentan voluntariamente, como «libro humano». Suelen ser personas que pertenecen a grupos o colectivos que han sido estereotipados de alguna forma, o han sido excluidos, marginados, etcétera.

Cualquier persona puede ser el lector o lectora de ese «libro», en forma de encuentro frente a frente. **El «libro» se presenta, se «narra» –su historia, su perspectiva...–, y el lector o lectora puede hacerle preguntas**, durante el tiempo de préstamo del libro. El diálogo personal con el libro humano, se da en un lugar, en un ambiente protegido y seguro.

La Biblioteca Humana facilita el desarrollo de las relaciones con la comunidad y ayuda a la cohesión social.

• • •

Margarita y Luisa son dos madres, y maestras. **Quieren enseñar a sus hijos a desarrollar una actitud compasiva hacia quienes se encuentran en las salas de espera de algunos hospitales públicos** de la Ciudad de México; algunas de estas personas pasan muchas horas o incluso duermen allí, en la espera. Les llevan alimentos y bebidas.

(Autoras: Pilar Muguira Casanova y Ana Moreno)

Ellas describen así su proyecto:

Como madres nos interesa que nuestros hijos mejoren sus habilidades sociales, capacidad de empatía y que incrementen su comportamiento pro-social. Por lo tanto, nos hemos ocupado en desarrollar su atención plena compasiva. A través de la práctica del altruismo encuentran gozo en las actividades que realizan y una genuina felicidad.

(Autoras: Pilar Muguira Casanova y Ana Moreno)

Los niños preparan las meriendas,[74] y las llevamos en la noche a las salas de espera de algunos hospitales públicos de la Ciudad de México, con la intención de desarrollar en nuestros hijos una actitud compasiva hacia quienes se están allí.

Sabemos, además, que esta práctica eleva el nivel de atención, creatividad, empatía, asertividad y concentración, lo cual impacta positivamente en su calidad de vida en general, y favorece el rendimiento escolar.

Los niños se encuentran muy contentos cuando vamos a los hospitales, al ver lo bien recibidos que son los regalos que ellos mismos les prepararon, en un ambiente cálido y festivo entre amigos.

● ● ●

La Universidad del Adulto Mayor de Oaxaca (UNIDAM)

Hace unos meses me enteré de que en Oaxaca se había creado como proyecto social, no institucional, La Universidad del Adulto Mayor. Me interesé por ello y fui a visitarlos. Está situada en una casa, propiedad de una de las socias; allí se reúnen y organizan las actividades y formaciones, con mucho entusiasmo.

Son una asociación civil, sin fines de lucro, que por iniciativa ciudadana, a través de socias y socios, ha creado un espacio de convivencia entre iguales para compartir e incrementar la sabiduría que tienen y, con ello, enriquecer la vida social. Se consideran personas en transformación, que asumen la responsabilidad y el derecho de seguir aprendiendo para fortalecer su proyecto de vida.

La configuración de este proyecto, que surge en la ciudad de Oaxaca, en el año 2012, partió de Josefina Salinas y Rigoberto León, psicólogo amigo, al que conozco desde hace muchos años, y que me informa del proyecto a través de la visita que hago. Ambos diseñaron «un modelo educativo sustentado en la andragogía y en la gerontología, considerando cuatro dimensiones: el yo, la familia, la comunidad y el universo».

Se definen como una entidad dirigida específicamente al aprendizaje del adulto mayor, mediante un ambiente propicio para una convivencia entre iguales, compartiendo su sabiduría y disponiéndose a nuevas experiencias que fortalezcan su autonomía en la resolución de necesidades y problemas actuales, tanto en lo económico como en lo familiar y social, sin perder de vista los valores de su identidad cultural.

Promueven la reinserción social de los adultos mayores mediante su participación activa, digna y propositiva para bien de cada persona, en lo particular, y de la sociedad, en su conjunto, ofreciendo para ello una alternativa diferente a los programas asistencialistas o de entretenimiento que por lo general se ofrecen actualmente.

Para la UNIDAM, adulto mayor es la persona que después de su quinta década reconoce las transformaciones en sus aspectos físico y fisiológico y se da cuenta del papel que la sociedad le asigna en esta etapa de su vida.

Consideran al adulto mayor como:

- una persona en transformación;

- con derechos y, por lo tanto, a la educación como el medio adecuado para que los conozca y los ejerza, y

- una persona que posee sabiduría para enriquecer la vida en sociedad.

De ahí que promuevan:

- Una comunidad incluyente que atiende a las necesidades de los adultos mayores y promueve sus derechos.

- Que el gobierno se comprometa con el adulto mayor.

- Un modelo de universidad para México y el mundo.

Por lo tanto, tratan de dar una oportunidad a los adultos mayores de continuar su desarrollo, conviviendo con sus iguales y decidiendo sobre su propio proceso de formación, mediante un programa educativo flexible, incluyente, dinámico e integral, que contribuya a dignificar esta etapa de su vida y fortalecer su autonomía.

La **UNIDAM** tiene reconocimiento local, nacional e internacional, y promueve los valores de: *flexibilidad* y apertura a las necesidades y creencias de los mayores; *autonomía* y *libertad* para decidir sobre su propio proceso de transformación; fomenta la *convivencia* para la construcción social del conocimiento, con participación colaborativa, donde predomina el respeto y la armonía para el bien común, y favorece la responsabilidad para la **salud**, principio básico de la calidad de vida y la autonomía.

Ante mi pregunta de si consideraban la UNIDAM un proyecto de amor, recojo algunas respuestas:

- La UNIDAM es un acto de amor porque promueve la vida, que significa la participación activa de los adultos mayores con responsabilidad sobre sí mismos. La UNIDAM les propone y facilita aprendizajes para acomodar el pasado en favor de un presente más satisfactorio y un futuro más feliz. El adulto que no quiere seguir aprendiendo, que se queda en casa, por miedo o por comodidad, es un adulto pasivo y la pasividad es muerte (Rigoberto León).

- Considero que la UNIDAM manifiesta el amor en esta etapa de la vida en la que estamos y que asumimos con entusiasmo y alegría. Aprender, divertirse y contribuir solo puede vivirse en el amor (una alumna).

28. Proyectos en relación con la Fundación Terapia de Reencuentro (FTR)

A continuación presentaré tres proyectos vinculados a la Fundación Terapia de Reencuentro (FTR). El primero de ellos partió del proyecto de una enfermera comunitaria que se formó en unos talleres que realicé en Madrid, para vincularlo posteriormente a la Fundación.

Los otros dos se diseñaron desde la FTR y se realizaron con voluntariado de México y España.

Proyecto 1: *Grupos de mujeres en un Centro de Atención Primaria: Transformar a usuarias en Agentes de Salud*

Comentaré aquí lo que ha sido un proyecto de amor de la **enfermera Elena Fernández Ardisana**, en colaboración con su equipo de trabajo del Centro de Salud, las mujeres de los grupos, las Agentes de Salud comunitarias y la Fundación Terapia de Reencuentro.

Desarrollaré sucintamente el proyecto basándome en las conversaciones mantenidas con Elena, para sintetizarlo en un pequeño resumen para este libro.

El Centro de Salud de Natahoyo, de Gijón (Asturias, España), está ubicado en un barrio industrializado, de clase media baja, trabajadora. En él funcionaba un equipo, que integraba a profesionales de la medicina de familia y enfermería, vinculados con Salud Mental –profesionales de psiquiatría, psicología–, con mucho entusiasmo y deseo de reformar, de alguna manera, el modelo de trabajo que se hacía en Atención Primaria.

En esa búsqueda, se remitió a Elena a Madrid, con la idea de que asistiera a un seminario,[75] para un programa que se intentaba poner en marcha, a nivel nacional, sobre el Programa de la Mujer. Por aquel entonces, se estaba estandarizando el suministro de estrógenos supletorios para la menopausia. Fina Sanz tenía una ponencia en ese seminario, en donde hablaba de otros aspectos de la sexualidad de la mujer.[76]

Esa ponencia parece que abrió una nueva perspectiva para el proyecto de trabajo que Elena Fernández Ardisana quería configurar, que planteó en el equipo, y decidió formarse en ello. Consue Ruiz-Jarabo, de la Secretaría de la Mujer de la F.A.D.S.P., organizó unos talleres que impartí, y Elena acudió para formarse. Los talleres iban dirigidos a profesionales de la salud, y su objetivo era ver la posible relación que existía entre ciertas sintomatologías de las mujeres y el género, es decir, la socialización de género de las mujeres; y la importancia de la comprensión de esos procesos en el cambio de las mujeres y la posible desmedicalización, cuando ellas pudieran tomar conciencia de qué las afectaba en su vida e hicieran cambios. Y lo importante que era que las y los profesionales de salud comprendieran, no solo teóricamente, sino también de manera vivencial –los talleres eran teórico-prácticos–, esos procesos. Se habló asimismo de la «multiplicación social».[77]

A partir de ahí, Elena, acompañada de su equipo y Salud Mental, empezó a darle forma a un programa de atención a mujeres en Atención Primaria. Se le derivaron mujeres que, como ella deseaba, hubieran pasado por Salud Mental, y que de alguna manera se consideraran, incluso ellas mismas, como decían: «acabadas y desahuciadas; que lo suyo era crónico y no tenían solución».

Se creó un primer grupo en el que se fue trabajando su autopercepción, la respiración..., y de ahí fueron saliendo los dolores, los conflictos (con los hijos e hijas, con la madre, el padre, con la pareja... y tantos otros). Las mujeres empezaron a hablar y escucharse. Salieron secretos profundos, heridas de género, con los que las mujeres se identificaban.

«Lo que me encontré –dice Elena– fueron mujeres absolutamente campeonas de la vida, polimedicadas, aturdidas por la medicación, sin capacidad de reacción de ningún tipo, con las que hubo que empezar a trabajar el que se oyeran hablar, oírse hablar».

¿Cómo funcionó aquel primer grupo?

«Muchas mujeres resolvieron lo que pudieron resolver, dejaron de tomar mucha medicación –estaban controladas paralelamente por el equipo de Salud Mental–, y siguieron una vida socialmente normalizada para el entorno. Otras mujeres destacaron después: algunas acabaron carreras universitarias; otras son pintoras afamadas. Muchas –la mayor parte con una enorme creatividad escondida y muerta, que las estaba martirizando– se dieron permiso para ir desarrollando esa creatividad. Primero las ayudé a darse permiso, y luego el permiso se lo dieron ellas».

Ese trabajo se convirtió en un proyecto de amor para Elena, un proyecto de dar y recibir. «Yo aprendí también mucho con esas mujeres», comenta. Aprendieron a trabajar en equipos, se hicieron trabajos lúdicos, obras de teatro...; sobre todo cuando se crean las Agentes de Salud, de las que hablaré a continuación.

El trabajo no fue fácil. En los grupos de mujeres, también aparecen los minigrupos; cada mujer va a su ritmo en sus procesos de cambio, que a veces son muy duros. Pero «las mujeres se entusiasmaban al encontrarse a ellas mismas a través del autoconocimiento, como un viaje a su interior. Vi que en los grupos había muchas mujeres, intelectualmente, con mucha capacidad y necesidad de aprender».

Iban cambiando pequeñas cosas cotidianas, lo que sería su espacio personal, relacional y social.

«Las mujeres iban mejorando mucho; el psiquiatra me decía que había cambios espectaculares, y empezaron a enviarme cada vez más gente. Al enviarme más gente, yo tenía la consulta normal –tensión, inyecciones– y, a partir de una hora, empecé a llevar grupos con mujeres que me derivaban otros médicos. Llevaba grupos dentro del horario laboral, como un modo de trabajo comunitario, que consideraba que había que hacer».

Nos dimos cuenta en el equipo de que, «no solo son los profesionales, sino que tiene que ser la propia comunidad la que ejerza la labor multiplicadora». Las mujeres me decían: «Enséñanos porque queremos llevarlo a otras mujeres que, como nosotras, han pasado por situaciones muy difíciles, para que no acudan tanto al Centro Sanitario para que las mediquen, porque luego no puedes ni pensar».

Decidimos, con el equipo, que había que hacer un grupo de formación más técnico, en el que participaría personal del sistema sanitario para formar, de entre las mujeres, a 33 de ellas, seleccionándolas para Agentes de Salud, y que el sistema sanitario lo reconociera.[78]

En todo ese proceso, durante esos años, Elena Fernández Ardisana, que poseía diversas formaciones, continuó formándose en el máster de Terapia de Reencuentro (TR).[79]

Las Agentes de Salud se formaron para apoyar, acompañar, a otras mujeres enfermas que acudían a los grupos. No hacían intervención, pero sí acompañamiento; estaban en los grupos, servían de apoyo a las mujeres, participaban con ellas externamente, con alguna actividad lúdica, con tecnología, etcétera.

En el Centro de Salud, la demanda de las mujeres para participar en los grupos superó todas las expectativas. Elena fue liberada de su consulta normal para que se dedicase solo a ese modelo de intervención; llegó a haber una lista de espera de varios cientos de mujeres que venían de toda Asturias.

Las Agentes de Salud fueron valoradas, reconocidas por el sistema sanitario.[80]

Para Elena, todo esto empezó a dejar de ser un trabajo para convertirse en una dedicación, era su proyecto de amor. Pero el trabajo la desbordó, llegó a no tener horario. Se empezó a plantear la posibilidad de que las Agentes de Salud tuvieran más presencia –algunas, con licenciaturas o diplomaturas, empezaron también a formarse en el máster de TR, y se las supervisaba.

Como las Agentes de Salud no podían formar parte del sistema sanitario, se pensó también en externalizar el trabajo, firmando un convenio entre la Fundación Terapia de Reencuentro[81] y la Consejería de Salud; de modo que se fue haciendo un doble trabajo: por una parte, en el Centro de Salud, con los grupos de mujeres, y por otra, en la Fundación, donde estaban las Agentes de Salud, acompañando a las mujeres y con actividades.

Todo este trabajo concluyó en una Jornada, en colaboración con la Fundación, donde participaron profesionales de la Salud, las Agentes de Salud; y se invitó a educadoras, que también eran mujeres resilientes, de otro proyecto que tenía la Fundación en México, con educadoras empíricas de la Red Conecuitlani –de lo cual hay presentación en otro apartado de este Anexo–. Esta Jornada fue abierta por la alcaldesa de Gijón y el gerente del Servicio de Salud.

Un tiempo más tarde, este trabajo de Elena Fernández Ardisana, del Centro Natahoyo, recibió varios premios.[82]

Proyecto 2: *Educar, educándonos, para la Salud, la Educación y el Buen Trato*[83]

Este fue el primer proyecto que realizó la Fundación Terapia de Reencuentro[84] (FTR) en México.

En el año 2008, conocí a través de Roxanna Pastor, profesora de la UNAM, un interesante trabajo educativo, realizado desde hace muchos años por un grupo de educadoras,[85] en Centros Infantiles Comunitarios que habían creado La Red Conecuitlani.[86]

Formada por 16 Centros Infantiles Comunitarios: nueve ubicados en barrios populares de la Ciudad de México, seis en el estado de México y uno en el estado de Oaxaca, con un total de 107 educadoras comunitarias y 1100 niños y niñas y sus familias.

La Red surgió a partir de los movimientos populares de los años 1970 en la Ciudad de México. En ese tiempo, algunas mujeres de las comunidades iniciaron un movimiento de educación comunitaria para atender las necesidades de los niños y niñas pequeñas, un proyecto de amor –aunque ellas no lo denominaron así en aquel momento– que transformó no solo la vida de los niños y de las niñas, sino también las suyas propias.

Con el apoyo de diversas organizaciones no gubernamentales, se formaron originalmente en el método Montessori, y fueron partícipes en la creación de dos modelos educativos que responden a las necesidades y recursos de este tipo de comunidades: Educación Integral Popular (EIP) y Nezahualpilli. En la mayoría de los centros que pertenecen a la Red se trabaja con una combinación de estos métodos.

Visité algunos de sus centros, en barrios populares –barrios en donde solía haber mucha violencia–, hablé con maestras, niños y niñas –a los que se veía felices–, vi sus materiales, sus pequeñas bibliotecas, su espacio sencillo. Y deseé apoyar ese proyecto.

Me reuní con las educadoras, promotoras de la Red, unas diez mujeres, conocí su proyecto –querían educar en libertad, con buena autoestima y respeto por los ritmos de aprendizaje, desde la cooperación, solidaridad y creatividad–, sus ilusiones, sus deseos... Una de las cosas que me plantearon es que toda su vida había estado centrada en la ayuda a los demás, se habían formado para ayudar a los niños y niñas, pero no habían dado importancia a sus necesidades y deseos como personas, como mujeres. También hablaron de la necesidad de que los y las jóvenes de sus comunidades conocieran sus historias.

En conjunto, decidimos que, a través de la Fundación, íbamos a estructurar un proyecto que denominamos «Educar, educándonos, para la Salud, la Educación y el Buen Trato».[87] Este se realizó como parte de un convenio de colaboración académico con la Universidad Nacional Autónoma de México. Dos profesoras de la Facultad de Psicología, Roxanna Pastor y María Isabel Martínez, coordinaron el proyecto, en el que además participaron otras profesionales formadas en Terapia de Reencuentro y alumnas/os de licenciatura y posgrado en Psicología.

El proyecto –evidentemente, un proyecto de amor incondicional– constaba de cuatro subproyectos:

1. La creación de un **Programa de Formación en Terapia de Reencuentro** (TR) *aplicado al trabajo comunitario*, que integraba tres talleres didácticos, teórico-prácticos, vivenciales, que les permitieran a las educadoras, que asistiesen, replantearse su propia vida, sus relaciones personales y su incidencia en el campo social. Los talleres, de varios meses de duración, eran:

   1.º El **Autoconocimiento para el cambio** a través del conocimiento del propio cuerpo, la sexualidad, la respiración, relajación, etcétera.

   2.º **Los vínculos afectivos para la convivencia y el buen trato (como prevención de la violencia y promoción del buen trato).**

   3.º **Acompañamiento en crisis y duelos** (personales y relacionales).

Este proceso de formación, tras los talleres realizados, las prácticas y adaptación a las escuelas y familias, fue acreditado por la Universidad de Sevilla.

2. La recuperación de las **historias de vida de diez de las lideresas de la Red Conecuitlani**, como ejemplo de proceso de resiliencia, que se recogió en un libro: ***Palabras que alumbran***.[88]

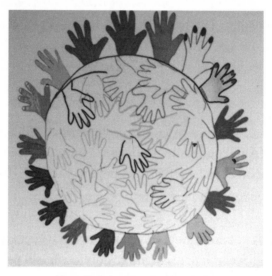

Libro Palabras que alumbran

3. La creación de una **biblioteca itinerante** para los Centros Infantiles Comunitarios, con material educativo infantil y juvenil, recogido en la FTR especialmente por voluntariado, para la promoción de la equidad de género y el respeto a las diferencias.

Esto posibilitó, a su vez, la capacitación de las educadoras y estudiantes de Psicología, a través de un taller denominado **En los cuentos, la equidad de género y el buen trato también cuentan**, en donde se aprendía a trabajar con los materiales de los cuentos, con una perspectiva de género, fomentando la cooperación, la solidaridad y las relaciones de paz.

4. La creación de una **red intercultural e interdisciplinar entre las educadoras de la Red Conecuitlani y las Agentes de Salud Comunitarias para la Convivencia en Paz e Igualdad**, de Gijón (Asturias, España),[89] que permitió a estas multiplicadoras sociales, con un gran compromiso social, conocerse, compartir e intercambiar sus experiencias comunitarias.

Este proyecto de amor, «Educar, educándonos...», interrelacionaba dos campos de trabajo e intervención: educación y salud, con lo que se estructuraban programas de educación para la salud, herramientas de autoayuda, para desarrollar el arte de educar y de vivir en mejor salud en cualquier etapa de la vida, y en especial desde la infancia.

Consideramos este un proyecto de amor porque respondió a las necesidades e intereses expresados por mujeres de diferentes culturas; y respetando sus valores, promovió nuevas formas de educar, educándonos, desde una metodología (TR) que atiende de forma global a las necesidades individuales, relacionales y sociales.

Desde entonces, acabado el proyecto después de 3 años (2008-2011), se continúa con el vínculo, se continúa haciendo talleres para educadoras y se han incorporado nuevos proyectos, como el que presento a continuación.

Proyecto 3: *EscuchArte: cuentos de sabiduría para la transformación, la educación y el buen trato, por Roxanna Pastor y Paloma Andrés*

En este proyecto de amor, las personas adultas resilientes de sus propias heridas crean, a partir de sus historias de vida, *cuentos de sabiduría*, para que otras personas puedan identificarse, reconocer problemáticas y desarrollar formas de autoconocimiento y autoayuda.

El proyecto surgió en el año 2010 con un doble objetivo:

Por una parte, sanar el corazón de las personas que exploraban su historia y que, tras un delicado proceso de introspección emocional, conseguían sintetizar al máximo su historia de vida y extraer a través de ella una *perla de sabiduría*, que sería la concreción de un cuento.

Por otra parte, queríamos que estos cuentos constituyeran un material didáctico, no solo para la expresión emocional, sino para favorecer la resiliencia, es decir, la capacidad que tenemos de transformación de nuestros problemas en sabiduría destinada a nuestra vida.

Los cuentos, originalmente, surgen de un método de investigación, la Fotobiografía,[90] utilizado tanto en clínica como en los procesos educativos del desarrollo humano, para el autoconocimiento y el cambio. Consiste en un estudio y recapitulación de la propia vida, a través de las imágenes fotográficas tomadas a lo largo de su vida, donde se aprecia, mediante el lenguaje del cuerpo y las emociones, los cambios, las crisis, los duelos. La toma de conciencia de lo que nos ha ocurrido, nuestros problemas, sufrimientos o dificultades, es el primer paso que nos permite cambiar aquello que queramos y empoderarnos de nuestra vida, transformarnos así en personas resilientes (Sanz, 2008).

Por eso, estos cuentos parten de una síntesis de historia de vida, en donde se puede ver que el o la protagonista, que tiene algún conflicto o ha pasado por una serie de dificultades personales, logra a través de un proceso de evolución interno, escucharse y situarse de otra manera frente al conflicto. En palabras de Fina Sanz:

Todas las personas tenemos al menos una historia que contar: la historia de nuestra vida. Nuestra vida, aunque no lo sepamos, nos la contamos en forma de cuento. Es el cuento de nuestra vida, que está tan lleno de experiencias y anécdotas, que nos perdemos: como un bosque repleto de árboles y hojas en el que no sabemos encontrar el camino.

El camino es como el hilo que une el origen y la salida, el antes y el después. Es un camino que nos genera comprensión y nos permite entender que muchos de los conflictos vividos tienen que ver con ese origen olvidado, ese inicio del camino –que constituye un trauma en nuestra infancia– en el que pareciera que nos perdimos en el bosque.

Encontrar el hilo conductor, más allá de las diferentes experiencias que hemos tenido, es lo que nos permite ver con claridad cuál era el inicio –el problema– y dónde encontrar la solución, que es la salida.

El camino que aparece en todos los cuentos es la mirada introspectiva hacia la propia vida y nuestro proceso de desarrollo personal, que posibilita en un momento concreto el ver, el comprender. Más allá de lo que nos ocurrió y de lo infelices que nos sentimos, tenemos una capacidad de resiliencia: de atravesar los conflictos, de buscar soluciones, de colocarnos en otro lugar. Pasar de víctima a persona que ha aprendido algo de su vida, y lo aplica y lo enseña, para que pueda servir, quizás, para otras personas.[91]

En un principio, el proyecto iba dirigido especialmente a la infancia, a los niños y niñas de los Centros Infantiles Comunitarios de la Red Conecuitlani en México con cuyas educadoras desarrollamos durante años el proyecto «Educar, Educandonos...».

Sin embargo, al empezar a trabajar con los cuentos entendimos que esta herramienta de autoconocimiento era útil con personas de cualquier edad. A lo largo de estos 5 años, se han editado 21 cuentos que se han utilizado con diversas poblaciones en México y España. Estas incluyen a niñas, niños y sus familias, adolescentes, algunos en situaciones de marginación y otros y otras escolarizados/as, hombres y mujeres en procesos terapéuticos, mujeres de diferentes etnias y edades. Unas son muy jóvenes y otras tienen más de 70 años. Algunas de ellas han vivido violencia, otras son supervivientes de enfermedades graves. Todas y todos con deseo de conocerse y escucharse.

A partir del año 2011, en ambos países, se han ido formando profesionales de la salud y de la educación, en general, como las y los agentes comunitarios –o multiplicadoras sociales– para la promoción del buentrato a través de estos cuentos. Esta formación, siguiendo el modelo de la Terapia de Reencuentro, implica desarrollar la capacidad para autoescucharse, reconocer heridas de la infancia que nos han marcado, y descubrir recursos resilientes propios y colectivos que nos pueden ayudar a sanar. Desde ese lugar de bienestar emocional, las y los agentes comunitarios, con una mirada compasiva hacia el sufrimiento y un deseo de ayudar a resolver conflictos y restaurar relaciones de paz, facilitan espacios de reflexión y buen trato en los que se promueve el reconocimiento y la expresión de nuestras necesidades y recursos emocionales para emprender un camino hacia el bienestar.

Los resultados de las aplicaciones comunitarias demuestran que todas las personas, independientemente de su edades, sexo y culturas, conectan con sus propias vidas a través de estos cuentos. Tocan sus heridas y comprenden lo sanador que puede ser compartir sus emociones en un espacio seguro y amoroso, en donde lejos de juzgarles, son acogidos/as y se les invita a identificar sus heridas, sus recursos y su capacidad resiliente.

Este proyecto de transformación, educación y buentrato se ha convertido en un método abierto y flexible en la formación de profesionales, en la educación sexoafectiva de niños, niñas y adolescentes, en grupos terapéuticos, y ha sido acogido por infinidad de organizaciones del sector social que buscan propiciar el bienestar emocional.

Las historias de vida que dan origen a estos cuentos abordan diversas temáticas, como la necesidad de reconocimiento y aceptación, la autoestima, el respeto a la diferencia, problemáticas de género, resolución de conflictos, búsqueda de identidad, la importancia de la familia afectiva, la capacidad para atravesar procesos de enfermedad y pérdidas, entre otras.

Este proyecto de amor de la Fundación Terapia de Reencuentro se ha llevado a cabo con la colaboración de múltiples personas que han donado sus historias y, en algunos casos, han ilustrado cuentos, y de dos instituciones: el Departamento de Dibujo de la Universidad Politécnica de Valencia, cuya profesora María Susana García Rams ha estado a cargo de la dirección del diseño de los cuentos, y la Facultad de Psicología de la Universidad Nacional Autónoma de México que, a través de dos de sus profesoras, Roxanna Pastor e Isabel Martínez, ha puesto en marcha el proyecto de investigación y aplicación social que ha permitido la formación de los agentes comunitarios y la aplicación de los cuentos en comunidad.

(Autora: Susana García Rams)

29. Desarrollar la «erótica» del buentrato

Quisiera finalizar este libro poniendo el acento en dos ideas: en primer lugar, cómo cambiar la «erótica» del maltrato por la «erótica» del buentrato, y, en segundo lugar, cómo darle sentido a la vida.

¿El buentrato tiene una «erótica»? Sí, el buentrato tiene una «erótica» como la tiene el maltrato.

¿Qué quiero decir con «erótica»?: esa excitación que nos produce algo vivido, esa intensidad emocional que sentimos en el cuerpo, algo que nos estimula intensamente, asociado a alguna emoción.

Cuando hablo de «erótica» no me refiero a sentir deseo de hacer el amor, tal y como lo entendemos. Me refiero a que **el maltrato estimula, excita**. De nuevo, no me refiero a excitación sexual, sino que genera excitación corporal.

El ser humano necesita intensidad para vivir. Sentir su cuerpo. Las emociones nos hacen sentir vivos. Cada emoción tiene una bioquímica, y genera unas sensaciones corporales.

Cuando en nuestra infancia vamos construyendo nuestra identidad, vamos construyendo unas **creencias** acerca del mundo, de las relaciones y de nosotras/os mismas/os. Y junto a esas creencias, vivimos **emociones, sensaciones corporales, pensamientos** y actuamos con **comportamientos** determinados.

Cuando todo esto **se repite en nuestra vida, una y otra vez,** creamos una ruta bioquímica, un camino por el que transitamos habitualmente y que se concreta en forma de hábitos, una manera de percibirnos y colocarnos en el mundo. Y creamos un **guion de vida.**

Un guion de vida es como un escenario en el que nos colocamos y, desde allí, nos percibimos y nos relacionamos. Y lo repetimos, y lo repetimos sin darnos cuenta a lo largo de nuestra historia. **Los guiones de vida contienen creencias, sensaciones corporales, emociones, pensamientos, imágenes, comportamientos.**

Es curioso que muchas de las personas que maltratan o son víctimas de maltrato han vivido violencia en su infancia; a veces directamente –han sido golpeados, abusadas...– y otras, indirectamente, a través de lo que han visto y oído en su familia, entre su padre y su madre. Y **esas experiencias, que incluyen la violencia, aunque se rechacen, quedan como «normalizadas», como si fueran un componente habitual de los vínculos afectivos, de la convivencia**. Porque la familia, para un niño o niña pequeños, es como la sociedad, el primer enclave donde se socializa y aprende cómo debe actuar y sentir. Y luego, además, existen otros agentes socializadores, como la escuela, la televisión... que lo refuerzan.

Pero además, junto a esas experiencias –y con la violencia manifiesta o sutil de lo social–, aunque nos asusten, se viven emociones como la rabia, el miedo, la tristeza... Y las **emociones se sienten intensamente en el cuerpo**, en forma de sensaciones corporales. Y eso **nos hace sentirnos vivos/as**, aun con una inmensa tristeza, una inmensa rabia o un intenso miedo.

Cuando eso se repite y se repite, creamos patrones de comportamiento que nos hacen percibirnos, construir y repetir una forma de colocarnos en el mundo y en las relaciones.

Y con frecuencia, esas personas que han vivido la agresión, fácilmente, de forma inconsciente suelen **«encontrarse» parejas en donde la historia se repite**: o maltratan o son maltratadas/os.

Sam Keen habla de la violencia como una manera, también, de huir del hastío. (Yo, más que del hastío, suelo hablar del vacío, del vacío existencial, de percibir una vida sin sentido). Y habla de dos formas de violencia –extrema– en que se concreta: el suicidio y la guerra.

El suicidio es la violencia del introvertido. La guerra es la violencia del extravertido. La tasa de suicidios está creciendo entre los adolescentes, los desempleados y los jubilados. Nos lleva a matarnos el disgusto por nuestras vidas no vividas. [...] Sin trabajo o sin valía, la vida está vacía. Antes de afrontar el vacío, es preferible tomar «la única salida». Ciertas frases aparecen continuamente en las cartas de los suicidas: «Estoy agotado», «no puedo continuar», «no tengo energías».

La guerra es la distracción final [...] La violencia nos hace sentir vivos. La guerra proporciona oportunidades para el heroísmo y la intensidad [...] queremos la emoción de la batalla. (En tiempo de guerra, cae la tasa de suicidios). La guerra alivia el tedio.[92]

Sin llegar a esos extremos, nos colocamos en relaciones donde fácilmente nos vinculamos en relaciones de poder, de violencia, de malos tratos hacia otras personas y hacia nosotros/as mismos/as con la desvalorización, no teniéndonos en cuenta, haciendo o aceptando cosas que nos hacen daño. Y paradójicamente, eso nos seguriza, porque es lo que hacemos habitualmente, es lo que sabemos hacer, lo que repetimos una y otra vez.

Pero eso tiene un coste: el daño, el dolor, el desgaste personal, el daño a otras personas, la reproducción de roles, y la reproducción de valores del sistema social.

Hay que **cambiar la «erótica» del maltrato por la «erótica» del buentrato**. Al igual que el maltrato «erotiza», es decir, excita, se siente intensamente en el cuerpo, hay que desarrollar otro tipo de «erótica», otra ruta bioquímica, la del buentrato.

El buentrato se vive con otras sensaciones corporales, otras emociones, pensamientos, imágenes y comportamientos. Pero no estamos acostumbradas/os a ello. No lo reconocemos. No nos «erotiza». Nos parece insulso, «plano» –no hay picos de excitación–. No tenemos conciencia de las sensaciones, emociones... y no las valoramos en positivo.

Hay personas, y especialmente parejas, que cuando tienen una relación pacífica, tranquila, amorosa pero cuidadosa..., se aburren. Parece que «falta algo: la pelea, la excitación de la pelea».

Pero **el buentrato también tiene su «erótica», su excitación**: cuidarse, dejarse cuidar, tratar y tratarse con cariño, con respeto, estar tranquila/o y no a la defensiva... esperando el ataque... Y todo eso es otra forma de situarse frente a sí misma/o y frente al otro o la otra y con el mundo. Y además facilita el bienestar, la relajación, la alegría y la salud, la convivencia y la relación de paz.

Hay que **«erotizar» la paz y no la guerra**, tanto en lo social, como en las relaciones, así como en la experiencia de nuestras vidas. La vida, en sí misma, ya nos coloca en situaciones difíciles, dolorosas, que hay que atravesar necesariamente: los duelos de personas, de etapas, de trabajos, enfermedades, situaciones difíciles inesperadas. Esas situaciones hay que atravesarlas. Pero ¿por qué crearnos una vida cotidiana dura, difícil, dolorosa?

Día tras día nos aplicamos violencia a nosotros mismos. Nos preocupamos, nos llenamos de una constante angustia. Solo la persona poco corriente puede tolerar la felicidad más de tres días seguidos.

¿Por qué tenemos ese romance con el sufrimiento? [...] ¿Por qué nos sentimos tan amenazados por la salud psicológica, espiritual y física?[93]

¿Cómo **vivir intensamente la tranquilidad, la paz**, el hacer y el no hacer, el estar, el escuchar y sentirse escuchado/a, el compartir una comida, oír música, el conseguir que se alcance una negociación, la calma, la paz interior...?

En cierta ocasión, una persona me comentaba lo que le excitaba la pelea con la pareja, cómo le subía la adrenalina..., aunque se daba cuenta de que eso le hacía sentirse mal y le destruía.

Podemos excitarnos con el deporte, con el juego, con actividades... en donde podemos experimentar esa intensidad corporal, si la necesitamos. Eso es muy diferente a colocarnos en la violencia para experimentar esa intensidad.

He querido recoger el testimonio de una mujer al respecto, que, a mi entender, ejemplifica muy bien la erótica del buen trato:

A los 38 años era una mujer soltera. Tenía un profundo deseo de formar una familia y tener una relación de buentrato. Conocí a varios hombres, pero ninguno de ellos me satisfacía. Sabía que quería casarme, pero no con cualquier persona, pues a lo largo de los años había sido testigo de muchas malas relaciones, había escuchado a amigas contar verdaderas historias de terror, había acompañado a mujeres en sus procesos de divorcio y había visto mucho dolor y muchas heridas, así que tenía claro que prefería seguir soltera a comprometerme en una relación que no me diera vida.

Ese año conocí a Antonio. Desde el momento que lo vi me encantó. Compartíamos muchas cosas, una manera de ver la vida, una misma espiritualidad y un deseo de construir una relación en armonía. Antes de cumplir un año de conocernos nos casamos, y es lo mejor que me ha pasado en la vida.

Algunas personas pueden pensar que nuestro estilo de relación es «aburrido», o que es anticuado que nuestras diferencias las resolvamos hablando en un ambiente de tranquilidad y serenidad. No es que en todo estemos de acuerdo, a veces hay situaciones en las que nuestro punto de vista difiere, o actitudes del otro que nos molestan. Ante esto hemos creado la «regla de 48 horas» que se refiere a que si algo que hizo el otro nos molestó, nos lastimó o no estuvimos de acuerdo, tenemos 48 horas para hablar, y si no lo hacemos, ya no podemos sacar el tema más adelante. Esto nos ha ayudado a dialogar nuestras diferencias pronto y a no ir guardando una lista de facturas pendientes que seguramente con el paso del tiempo nos cobraríamos. También nos da la seguridad de que nunca sacaremos un tema con molestia de algo que pasó mucho tiempo antes. Es una gran regla que nos ha ayudado mucho, pues nunca nos hemos ido dormir con algo atorado en el corazón. En muchos momentos nos hemos pedido perdón y perdonado, pero nunca después de un encuentro violento, sino más bien por alguna torpeza que el otro ha cometido, de esas que aparecen cuando estamos muy cansados o angustiados por alguna situación, como la salud de nuestros padres o alguna presión laboral.

Cuando me casé ya había tomado algunos talleres de desarrollo personal. En alguna noche en la que nos dormimos muy tarde por estar platicando, le conté a Antonio todo lo que había aprendido en torno a cómo la sociedad y los medios de comunicación nos han enseñado la pasión que hay en el maltrato: cómo en las películas las parejas tienen relaciones sumamente apasionadas después de un gran pleito, cómo los momentos de más amor vienen después de un conflicto y ruptura, y cómo prácticamente nunca vemos una relación erótica y pasional en una pareja que vive en paz y armonía, como si su relación fuera muy plana y le faltara «sal y pimienta». No, esas relaciones no aparecen en las películas, ni en las novelas ni en los periódicos. Es casi como si no valiera la pena que fueran narradas.

Le dije que me gustaba mucho su manera de tratarme, su delicadeza, su forma de expresar la ternura y cómo, ahora, lo que había aprendido en la teoría lo estaba viviendo en mi propia vida: la pasión en el buen trato, en una relación pacífica y armónica. Recuerdo que un día le dije: «gracias por ayudar tanto en la casa», a lo que él me respondió: «no quiero pensar que "ayudo" en la casa, pues sería como si todo lo que hay que hacer te correspondiera y yo amable y generosamente te ayudo, lo cual me lo tendrías que agradecer como lo haces ahora. Más bien considero que esta también es mi casa y que juntos la mantenemos como nos gusta tenerla.

La pasión la vivimos de diferentes maneras, a veces simplemente nos miramos a los ojos en silencio y es como si el tiempo se detuviera en un instante mágico lleno de su presencia, es un silencio habitado de todo aquello que las palabras no alcanzan a expresar. Nos tomamos de las manos, nos damos un abrazo suave y lento, y así podemos pasar mucho tiempo simplemente disfrutando que estamos juntos. Nos gusta mucho desvelarnos hablando, compartiendo todo aquello que hay en nuestro corazón, lo que día a día vamos viviendo, lo que nos cuestiona, lo que nos da sentido, lo que vamos aprendiendo en esta aventura de ser pareja y familia. Disfrutamos profundamente sentándonos a contemplar un mismo paisaje, tomados de la mano y en silencio, escuchando la respiración del otro y dejando que la naturaleza nos llene con su belleza; creo que los dos somos sumamente contemplativos y ahí encontramos una paz que compartimos.

Cuando nació mi hija viví una etapa de muchísima angustia, y Antonio fue un apoyo enorme en todos los sentidos. Tenía mucho miedo a equivocarme, a no cuidarla bien, a no ser «una buena madre». En esa etapa cobró una gran fuerza el deber ser: tenía que ser buena madre, buena esposa, buena hija, buena anfitriona... El reforzamiento positivo que recibí todo el tiempo de Antonio me llevó a pasar del «deber ser» a simplemente «ser». Me emociona recordar cómo me decía: «te ves muy guapa, la comida estuvo deliciosa, cuidas muy bonito a nuestra hija...». Un proceso bellísimo en el que solté la presión de ser una supermujer pasando simplemente a ser quien soy y dar lo mejor de mí. Antonio ha hecho que sea muy fácil sacar mi mejor versión y disfrutar de ser quien soy. Esos miedos y presiones se han ido y todos los días me arriesgo a mostrarme como soy, sabiendo que así soy recibida y valorada.

Hemos ido construyendo una relación donde gozamos mucho cada momento y experiencia, y nos reímos mucho mucho mucho. Vamos reconociendo el valor de cada momento y construyendo una relación de suavidad y de mucho gozo.

Nos gusta darle su lugar a los espacios de autocuidado que cada uno necesita, como el tiempo para hacer ejercicio, para leer, para comer sano, para cuidar nuestras relaciones de familia y amistades. En relación con los demás hemos acordado explícitamente que en nuestras pláticas no haya juicios ni críticas destructivas hacia los otros, que, por cierto, es una forma de maltrato que el entorno nos ha enseñado a practicar y hasta a disfrutar. Reconocemos que cada quien hace lo mejor que puede, y más bien nos gusta hablar de la belleza que descubrimos en cada persona y de lo que sus actitudes y palabras nos enseñan.

Tenemos un grupo de amigos, todos casados y con hijos, que han construido familias desde el «buentrato». Una pareja se ha alejado del grupo porque les parecemos muy aburridos porque no hay alcohol, ni malas palabras ni críticas a los demás ni chistes obscenos. Los amigos que aún nos reunimos creemos que tiene un valor inmenso no alcoholizarnos, ni hacer bromas que están fuera de lugar para la educación que les queremos dar a nuestros hijos. Esa es nuestra convicción y es muy lindo que haya otras familias que también lo vivan. Y francamente, cuando nos reunimos nos divertimos de lo lindo, jamás nos aburrimos.

Agradezco cuánto me ha enriquecido Antonio al irme compartiendo su manera de mirar el mundo, agradezco el constante encuentro desde nuestras diferencias y la armonía suave y apasionada que vivimos a diario. El mundo nos enseña que la emoción de la vida está en el terremoto, en la adrenalina; con Antonio he aprendido que no hay nada más apasionante que una relación de armonía, y que la emoción y la pasión no están en el terremoto sino en la brisa suave.

● ● ●

Como hemos visto, hay muchos proyectos de amor que podemos realizar, o en los que podemos participar. En la historia que acabamos de escuchar de María, su proyecto de amor da sentido a su vida.

Necesitamos encontrar proyectos donde intencionadamente dirijamos nuestro amor, que dan sentido a nuestra vida. Y el **buentrato**, en cualquiera de las dimensiones y áreas de la vida y de la convivencia, podría ser el eje que nos orientara para aplicarlo **como proyecto de vida**.

ANEXO

Resiliencia, Terapia de Reencuentro y resolución de conflictos desde el buentrato

María Isabel Martínez Torres

Resiliencia

El concepto de resiliencia permite identificar algunos factores que favorecen la comprensión de cómo una situación de crisis y de conflicto puede llevar a un crecimiento, ya que amplía la perspectiva respecto a la posibilidad de que las personas pueden aprender y superar las experiencias difíciles o negativas, e incluso en ocasiones fortalecerse en el proceso de superarlas.

La palabra «resiliencia» ha sido empleada en física para describir la capacidad de algunos materiales de recobrar su forma original después de ser sometidos a una presión deformadora.

Aplicado al campo de la Psicología, la resiliencia se refiere al proceso por el cual las personas aprenden a afrontar el estrés y la adversidad, desde la fortaleza interna y las habilidades para enfrentarlas. Implica, por ello, la capacidad para superar el trauma y las frustraciones, para resolver problemas y relacionarse con otras personas.

La resiliencia se aleja del modelo médico basado en la patología, y se aproxima a un modelo proactivo basado en el bienestar, centrándose en la adquisición de competencias, facultades y eficacia propia. Poniendo atención en las fuerzas que mantienen sana a la gente, y criticando el conformarse con detectar, categorizar y rotular enfermedades (Henderson y Milstein, 2005).

El Modelo de Resiliencia ofrece dos mensajes: que la adversidad no conduce automáticamente a la disfunción, sino que puede tener diversos resultados para el individuo que la sufre, e incluso que una reacción inicial disfuncional a la adversidad puede mejorar con el tiempo (Henderson y Milstein, 2005).

Por eso es tan importante la construcción de ambientes y relaciones que adopten una nueva actitud ante el estrés, el riesgo, las crisis y el trauma, los problemas, y conflictos que tengan una visión que posibilite sacar fortaleza de la adversidad. Todo individuo tiene capacidad para la resiliencia, ello implica identificar las ocasiones en que las personas sortearon, sobrellevaron o superaron la adversidad que afrontaban; permite encontrar factores y procesos asociados a la construcción de resiliencia.

En la Terapia de Reencuentro se favorecen procesos de aprendizaje resilientes desde los espacios personal, relacional y colectivo, ya que es un enfoque que prioriza el derecho a estar bien de cada persona y su responsabilidad en la construcción de su bienestar, fomentando el aprender de las experiencias negativas y positivas, desde el buentrato. En este sentido, se desarrollarán los aspectos que facilitan la resiliencia en dichos espacios.

La Terapia de Reencuentro (TR) trabaja integrando tres espacios: el espacio social, el espacio relacional y el espacio interior (Sanz, 1990; 2007), que están interrelacionados. Sanz (1990) plantea que para que se logre un cambio en las personas, las relaciones y la sociedad, es necesario un cambio de valores, creencias, comportamientos, formas de relacionarse; por ello es fundamental trabajar en estos tres espacios. Lo que nos compromete como personas y profesionales a trabajar dentro y fuera, a favor del bienestar personal, relacional y colectivo.

Resiliencia y espacio personal

Espacio personal

El concepto de espacio personal en la TR se refiere a la propia vida, implica la libertad, individualidad, la autorresponsabilidad con la propia vida. El espacio personal comprende así el mundo interior de cada persona y cómo se posiciona en sus relaciones afectivas y en los roles sociales de su vida.

El espacio interior se refiere a lo que cada uno vive: sentimientos, pensamientos, miedos, fantasías, deseos, que nadie puede conocer a menos que se compartan. Comprende, por ello, el reconocimiento de la persona respecto a cómo se percibe, sus sentimientos, emociones, pensamientos, creencias, conductas hacia sí misma.

El espacio relacional comprende la identificación de cómo cada quien se coloca frente a la otra persona y la forma de vincularse; la dinámica de la relación se desarrolla en un espacio. Implica también el reconocimiento y reflexión de que le va bien o mal a las personas en cuanto a la manera en que se vinculan.

El espacio social comprende el reconocimiento de la manera en que cada quién ha interiorizado los esquemas sociales, valores, roles y cómo se reproducen consciente e inconscientemente en formas de comportamiento, actitudes, guiones de vida, formas de percibirse y relacionarse. En este sentido, el espacio social implica los distintos lugares sociales que se ocupan en cada momento; por ejemplo, roles y estatus que vivimos en la sociedad como: profesionista, estudiante, madre, padre, hijo, hija, amigo, y que están determinados por el marco social. Esto conlleva una reflexión sobre cuál es la relación entre la manera en que la persona piensa, siente y se comporta y el contexto social del cual proviene.

En el espacio personal se puede identificar como factores resilientes que se proponen desde la Terapia de Reencuentro los siguientes:

Autoconocimiento

El autoconocimiento es un eje fundamental en todos los espacios, personal, relacional y social, para poder apropiarse de sí misma/o y desarrollar características resilientes. Por cuestiones didácticas se ubica en el espacio personal, pues implica el reconocimiento de sí y de los procesos psíquicos por los cuales cada quién interioriza lo vivido en el proceso de socialización, y mediante diversos procesos de aprendizaje, comprender las dinámicas que le acontecen a cada una/o. El autoconocimiento es un proceso complejo, en el que en la Terapia de Reencuentro se destaca como elementos principales de resiliencia: la autoescucha emocional y manejo de emociones, identificar que está bien y que está mal en la propia vida, y el reconocimiento de necesidades y recursos.

A. *Autoescucha emocional y manejo de emociones.* En Sanz (2005) se plantea que la apertura a reencontrarse consigo misma/o pasa por la escucha interior, en la cual es fundamental conocer qué es lo que le sucede a cada persona. Para ello es necesario el reconocimiento, escucha y manejo de las emociones que le suceden a cada una/o.

Las emociones para esta autora no son buenas ni malas, ayudan a comprender qué siente cada quién en las situaciones vividas, respecto a sí misma/o y los demás. Las emociones aparecen, desaparecen, se transforman y se reciclan. Cuando no se saben manejar, sobre todo las negativas, se bloquean o se cronifican internamente y generan daño.

La educación genérica prohíbe o permite su expresión, y por ello condiciona el sentir o la expresión de las emociones. Culturalmente, a los hombres se les permite el enojo, la rabia, y no pueden expresar miedo y tristeza. En tanto que las mujeres aprenden a inhibir el enojo y manifestar el miedo y la tristeza. En Sanz (2005) se considera que las emociones de género son complementarias y actúan como una estructura de relación de poder de roles opuestos: frente a la expresión de la cólera sentimos miedo, y frente al miedo se puede expresar más cólera.

La autora plantea que las emociones forman parte del lenguaje del cuerpo, se expresan en el cuerpo; así la posición corporal forma parte de situarse también frente a las propias emociones. Por ello, la conexión con el propio cuerpo y la apertura y disponibilidad para escuchar las emociones y aprender a manejarlas y transformarlas son aspectos fundamentales para la resiliencia.

B. *Identificar qué esta bien y mal en la propia vida.* Mediante la escucha emocional y la toma de conciencia de qué creencias, normas, valores y conductas llevan al automaltrato o al maltrato en las relaciones, o por el contrario, al buentrato, cada persona puede ir esclareciendo qué le genera malestar y qué bienestar. A partir de esta toma de conciencia podrá tomar decisiones con mayor claridad en su vida a favor de su salud.

C. *Reconocimiento de necesidades y recursos.* Detrás de un conflicto hay necesidades no resueltas que la persona requiere hacer visibles. Para ello es importante que pueda diferenciar qué necesidades son prioritarias y cuáles son los recursos y procesos para ir dando respuesta a dichas necesidades y encontrar alternativas de solución a los conflictos.

En el proceso de autoconocimiento, cuando las personas identifican qué les genera malestar de sus creencias, formas de relación, maneras de afrontar los conflictos, o situaciones adversas, pueden reconocer qué necesitan transformar para estar bien. En este sentido, el reconocimiento de los recursos con los que cuentan les permitirá visibilizar aquellos que les ayudan a estar bien, o identificar qué necesitan desarrollar para estarlo. Por eso, en la construcción de resiliencia el autoconocimiento es fundamental, para que cada persona reconozca cuáles son sus cualidades y las herramientas con las que cuenta a la hora de enfrentar sus conflictos, y cuáles necesita desarrollar para poder resolverlos desde el buentrato.

Autoestima

A. *Reconocimiento y aprecio de sí misma/o.* El proceso de autoconocimiento implica un camino para aprender a integrar las cualidades y defectos de cada una/o y, desde ese reconocimiento, aceptación, aprender a vivir la vida afrontando los retos y dificultades con aprecio de sí misma/o y a favor de su bienestar.

B. *Merecer, darse lo que se necesita.* Este aspecto implica un proceso de autoescucha de las necesidades de cada quien y la capacidad de mirarse como merecedor/a de estar bien; y desde este reconocimiento, proveerse o buscar los recursos a fin de proporcionarse lo necesario para cubrir dichas necesidades.

C. *Acompañarse y dejarse acompañar.* Aprender este factor implica integrar varios aspectos resilientes. En este sentido, escuchar sus emociones y lo que les sucede desde una mirada empática, comprensiva y compasiva para sí misma/o, al tiempo que aprende a poder sentir la mirada y acompañamiento de otras personas en un proceso de dar y recibir. Es decir, en el proceso de aprendizaje, la presencia de otras personas permite la posibilidad de mirarse en la similitud y la diferencia de aquello que le sucede en cuanto a sus relaciones, creencias, emociones. El compromiso que se establece en los grupos educativos, de crecimiento personal o terapéuticos, es poner en práctica la escucha respetuosa, comprensiva y compasiva, para sí y para los/as demás, y eso permite el aprendizaje, al acompañar y dejarse acompañar con dichas características.

Responsabilidad sobre la propia vida

A. *Espacio personal diferenciado.* «Reconocer el espacio personal permite desarrollarlo; cuando esto no sucede, las personas no reconocen su espacio y no saben diferenciar entre lo que desean compartir y lo que no. Al no reconocer los límites entre yo y el otro o la otra, es fácil invadir o dejarse invadir. Se siente que la propia vida o el bienestar dependen de la otra persona, en vez de sentir que depende de una o uno mismo; esto lleva a una fantasía de fusión con la otra persona, o a sentir que la vida de la otra persona nos pertenece» (Sanz, 2000:6). Los problemas para establecer un espacio personal diferenciado dificultan la claridad de cuáles son los intereses y prioridades de la persona, qué es negociable y qué no. De ahí la importancia de la toma de conciencia de aquello que es fundamental para la persona, para que pueda posicionarse con claridad frente a sus metas, necesidades, deseos, intereses, problemas y conflictos.

B. *Reparar heridas emocionales para sanar.* A partir del autoconocimiento, la persona puede reconocer en su historia qué relaciones, guiones de vida y experiencias le han llevado a heridas emocionales, que generalmente están relacionadas con el maltrato o situaciones adversas. La responsabilidad con su propio bienestar implica el escucharse compasivamente y trabajarse esas heridas emocionales, tanto desde los recursos de autoayuda, como desde los recursos relacionales de ayuda de otros/as personas significativas, talleres de crecimiento y procesos terapéuticos. Esto comprende procesos de transformación hacia el buentrato, que implican atravesar procesos de duelo, resignificación de la experiencia hacia la construcción de bienestar. Fina Sanz plantea que «las heridas no desaparecen; están ahí. Pero con el tiempo las resignificamos, dando una nueva mirada a su representación» (2007: 254).

C. *Decidir y realizar los cambios a favor de su bienestar.* Asumir la responsabilidad sobre el bienestar personal implica reconocer que es necesario cambiar en relación a normas, valores, guiones de vida, formas de relacionarse o de afrontar conflictos como proceso de transformación a favor de su bienestar. Esto comprende diferenciar qué es su responsabilidad y hacerse cargo de dicha transformación visibilizando los recursos que le permitan enfrentar las resistencias y obstáculos ante los procesos de cambio.

Afrontar los problemas y la adversidad en un sentido positivo

A. *Mirada comprensiva y compasiva.* En este aspecto, la TR propone que las personas aprendan a mirar su historia, sus problemas, desde una mirada que les permita a cada cual la comprensión personal de sus procesos internos, el papel que han tenido en lo que les ha sucedido, en la forma de vincularse y comprender a las/os demás, sin justificar el maltrato. Promoviendo como objetivo el logro de relaciones de paz consigo misma/o y con el entorno.

La mirada compasiva implica una empatía con el propio dolor y con el de los demás, el reconocimiento del sufrimiento que generan experiencias, formas de relación, y situaciones o circunstancias que se atraviesan en la vida, desde un lugar de buentrato y dignidad para las personas involucradas. La compasión desde el buentrato es ver al otro y a sí misma/o en una relación de igualdad, en una disposición a dar y recibir: «miro que tú sufres, como yo sufro»; con la apertura y disponibilidad a la autoescucha y escucha del otro en ese sufrimiento, con un respeto a sí y a la otra persona, y con la intención de aprender de esa experiencia para vivir bien en el aquí y en el ahora, estableciendo por ello un compromiso con la responsabilidad de la atención a lo que causa sufrimiento y la transformación de aquello que daña o ha dañado.

B. *Aprender de las experiencias agradables y desagradables.* Mediante el autoconocimiento, la escucha emocional, la mirada comprensiva y compasiva, de la historia y situaciones vividas, el objetivo es aprender, por un lado, de las experiencias agradables que permiten reconocer qué va bien para la propia vida, cuáles son sus cualidades, qué es de lo que disfruta, cuál es la forma de vincularse y resolver los problemas que le ayudan en su bienestar y buentrato. Como el reconocimiento a las circunstancias, creencias, actitudes, rasgos de personalidad y formas de vincularse que dañan, o que causan sufrimiento, para aprender de ellas claves que permitan procesos de transformación hacia el buentrato, fomentando con ello enfrentar los problemas de forma resiliente.

C. *Aceptar la frustración y elaborar duelos.* En Sanz (2005) se plantea como aspecto fundamental el reconocimiento de que las personas, las situaciones son como son, y no como esperamos, aceptando que algunas es posible cambiarlas y otras no, y para ello es fundamental adaptarnos a la realidad. El aprender a despedirse de las cosas y las personas implica reflexionar y comprender las expectativas en relación a la realidad, replantear cómo podría ser esa expectativa en el presente, considerando lo posible, y aquello que no es real o no puede cumplirse dejarlo ir, a fin de no lastimarse y dejar de vivir en un pleito interno.

También implica aprender a despedirse de características personales, creencias, maneras de vincularse, elaborando las emociones y las transformaciones necesarias que implica el proceso de duelo, para replantearse en el aquí y en el ahora el buentrato para sí y para las/os demás.

Resiliencia y espacio relacional

El espacio relacional comprende identificar cómo cada quien se coloca frente a la otra persona, cuál es la forma de vincularse, y qué los lleva al maltrato y qué al buentrato. En este espacio, la TR enfatiza la importancia de reconocer «cómo se constituyen, interiorizan y transmiten las relaciones de poder y de violencia y también las relaciones de igualdad (respetando las diferencias), como base de las relaciones de maltrato y buentrato» (Sanz, 2007:154).

Los aspectos que dentro de este espacio favorecen procesos resilientes son:

Reconocer y tomar conciencia del maltrato para transformarlo en buentrato

A. *Identificar cómo maltrato y me dejo maltratar en los vínculos.* El reconocimiento del maltrato en la propia vida es fundamental para la toma de conciencia de este aspecto; ello abarca hacer visible el maltrato tanto en la forma como cada quien maltrata, como en la manera en que se deja maltratar. La responsabilidad sobre la propia vida implica asumir cómo cada persona ha aprendido a maltratar, cuáles son las normas, valores, creencias, guiones que llevan a maltratar o dejarse maltratar, hacerlo visible y reconocer qué consecuencias tiene ese maltrato en la propia vida y en la de los demás, para poder reflexionar sobre lo que no le va bien y tomar responsabilidad en ello.

B. *Transformar el maltrato en metas y proyectos de buentrato.* El compromiso con la transformación del maltrato al buentrato es un proceso que implica la responsabilidad con la construcción del buentrato en las diferentes relaciones. Una herramienta de la TR es que cada persona decide, mediante el establecimiento de un contrato de buentrato, un compromiso de cambio concreto hacia el buentrato en una relación en particular. Para ello es fundamental que la persona se comprometa con metas de cambio posibles que le permitan la construcción de buentrato en dicha relación.

Establecer relaciones desde la identidad con respeto a las diferencias

A. *Identificar la forma de vincularse.* Este aspecto deriva del espacio personal, ya que para poder establecer relaciones claras es necesario identificar y desarrollar la capacidad de escucha de las necesidades e intereses propios y los de las demás personas. En este sentido, es indispensable reconocer cómo ha aprendido a vincularse y los límites entre yo y el otro, para no dejarse invadir, poniendo los límites pertinentes, y no invadir el espacio del otro, aceptando los límites de la otra persona. Identificar y reflexionar si la manera de vincularse lleva a la persona a establecer relaciones de dominio y sumisión, o a relaciones equitativas con respeto a las diferencias.

B. *Relaciones basadas en la escucha, el respeto y el buentrato mutuo.* Desarrollar en los vínculos la capacidad de escucha de sí y del otro, respetando las diferencias, y fomentando el cuidado, apoyo y buentrato mutuo.

Lo anterior implica reconocer personalmente cuáles son las necesidades, prioridades e intereses, qué es negociable y qué no, y poderlos expresar en una relación. Al mismo tiempo, escuchar y tomar en cuenta los de la otra persona para poder encontrar opciones posibles de acuerdos que incluyan las necesidades fundamentales de ambas personas.

Reconocer y fomentar el buentrato

A. *Identificar qué favorece y genera buentrato.* En este aspecto es muy importante reconocer cuáles son las normas, valores, formas de relación que llevan al buentrato en los vínculos para promoverlos y ponerlos en práctica en la vida cotidiana. La identificación de las emociones que se generan en los vínculos de buentrato va permitiendo la conexión con el cuerpo y va generando una mayor conciencia del derecho a estar bien, el derecho al buentrato en los vínculos.

B. *Resolver conflictos desde el buentrato.* Encontrar las herramientas en el interior y en lo relacional desde el buentrato para poder establecer acuerdos que tomen en cuenta a las personas involucradas en el conflicto. La resolución de conflictos relacionales implica al mismo tiempo afrontar ese conflicto en el interior, desde lo personal, para poder encontrar alternativas en el vínculo. Es decir, clarificar aquellos aspectos internos que llevan a la no resolución por evadir responsabilidades, guiones de vida, heridas de desamor, y asumir la responsabilidad y elaboración de dichos aspectos identificados.

La importancia de la resolución de conflictos, como un factor de resiliencia, está en que disminuye el estrés que ocasiona el conflicto, el desgaste de energía que se ha colocado en él, y genera en su enfrentamiento un empoderamiento yoico, recuperando la energía que ocasionaba el conflicto. Cuando se evaden o niegan los conflictos, la persona va perdiendo poder sobre su vida, sus decisiones, y recibe una sobrecarga de estrés, o de síntomas depresógenos, como flojera, desinterés, impotencia.

Cultivar redes y familias afectivas

A. *Identificar a las aliadas y aliados*, cultivando la escucha, el cuidado y la ayuda mutua. Aprender a reconocer en la propia historia y en la actualidad quiénes han sido las personas aliadas, qué le ha proporcionado apoyo a cada cual y lo que cada persona a su vez ha apoyado a sí y a otros, para que en ese reconocimiento pueda valorarlo y seguir cuidando esa forma de relaciones de escucha, apoyo y ayuda mutua. En este sentido, en Sanz, retomando a Barudy y Dantagnan, se plantea en la propia historia la importancia del apego seguro en la construcción de resiliencia, y en la vida adulta la presencia de una persona significativa que permita «restablecer vínculos y devolver a la persona otra imagen de sí misma» (Sanz 2007: 255).

B. *Establecer y construir redes de apoyo*. En diferentes relaciones y espacios, ir reconociendo y participando en la construcción colectiva de redes de apoyo para diferentes metas de vida: afectivas, de salud, de aprendizaje, de buentrato, de trabajo, en espacios familiares, de amistad, laborales, de grupos de aprendizaje, de crecimiento personal y terapéuticos, entre otros.

Resiliencia y espacio social

El espacio social comprende las tradiciones culturales y la estructura social; particularmente se analizan, en la TR, las características de la sociedad patriarcal que construye un sistema desigual de seres humanos y que fomenta como modelo de relación de poder (dominio-sumisión) la normalización de dichas relaciones que genera violencia tanto en las relaciones como en las personas individualmente.

Los aspectos que favorecen la resiliencia en este espacio son:

1. **Reconocer la violencia y construir una cultura de paz**. Identificar las normas, creencias, conductas que generan violencia, para reflexionar sobre ellas y sus consecuencias en lo personal, relacional y social. A partir de ello ir construyendo otras que fomenten una cultura de buentrato y paz. En este sentido es fundamental reconocer la diferencia y el valor de cada una/o en la construcción de una sociedad incluyente.

2. **Diálogo y construcción de consensos**. La escucha y diálogo de cada persona en los diferentes grupos es fundamental para la práctica de buentrato. Al mismo tiempo, frente a
las diferencias de intereses que lleven a conflictos, se plantea la importancia del establecimiento de consensos para la
toma de decisiones y la negociación como forma de solucionar conflictos.

3. **Justicia social**. Colaborar en la transformación social hacia una sociedad más justa y equitativa. Fina Sanz considera en ello la capacidad que todas y todos tenemos en la
creación de proyectos de amor, que favorezcan el compromiso personal, relacional y colectivo en la transformación social que lleve al buentrato y bienestar para todas y
todos.

4. **Educar, educándonos en el buentrato**. Mediante el trabajo en pequeños grupos ir educando y educándonos en
normas, valores y prácticas de buentrato. El espacio de grupo pequeño permite establecer un encuadre de buentrato
que se establece con el acuerdo del grupo. En ese espacio
se va trabajando en el autoconocimiento, la escucha emocional, el respeto a sí misma/o y a las/los demás, el cuidado y apoyo mutuo, el acompañar y dejarse acompañar, en
el diálogo, la negociación y el establecimiento de acuerdos
como forma de solucionar conflictos. Este trabajo en un
pequeño grupo permite la interrelación de los tres espa-

cios, porque se trabaja tanto en lo personal como en los cambios en las relaciones, en una reflexión de los cambios de creencias que, de los diferentes canales de socialización, ha aprendido cada quien en un espacio grupal de buentrato. El pequeño grupo es un espacio social en los talleres que se trabajan en la UNAM, ya que confluyen en él un espacio institucional, que permite la Universidad, y asisten por iniciativa propia. Se comprometen a darse un tiempo y un espacio para cada uno/a y para acompañar al grupo en sus procesos de transformación y cambio para identificar sus formas de establecer sus vínculos amorosos y la forma en que afrontan y resuelven o no los conflictos en dichos vínculos.

De esta manera, las aportaciones que la Terapia de Reencuentro propone en la generación de procesos resilientes tienen como ejes fundamentales el autoconocimiento y el buentrato en los espacios personal, relacional y social, en los que están implicados procesos de transformación y cambio.

Sanz plantea: «la resiliencia es un proceso en la vida de la persona, un proceso de transformación y de renacimiento de la muerte simbólica (el trauma) a la nueva vida (renacer de la muerte). Es un proceso de metamorfosis personal» (2007: 254). Para que esto sea posible hay un compromiso personal, relacional y social, de personas, profesionales, grupos e instituciones en la creación de atmósferas, formas de relación y proyectos que favorezcan el buentrato para la construcción de bienestar, personal, relacional y colectivo.

MARÍA ISABEL MARTÍNEZ TORRES
Profesora de la Facultad de Psicología.
Maestría en Psicología Clínica
Universidad Nacional Autónoma de México (UNAM)

Bibliografía

Henderson Han y Milstein Mike (2003). *Resiliencia en la Escuela.* Buenos Aires: Paidós.

Sanz, F. (1990). *Psicoerotismo femenino y masculino. Para unas relaciones placenteras, autónomas y justas.* Barcelona: Kairós.

Sanz, F. (2005). «Del Maltrato al Buen Trato». En: Ruiz-Jarabo, C., y Blanco, P. *La violencia contra las mujeres. Prevención y detección. Cómo promover desde los Servicios Sanitarios relaciones autónomas, solidarias y gozosas.* Madrid: Díaz de Santos págs. 1-14.

Sanz, F. (2007). *La Fotobiografía.* Barcelona: Kairós.

Notas

1. Amorós, Celia (2002). *Pensar filosóficamente desde el feminismo*. Debats, pág. 76.
2. Eisler, Riane (2008). *El cáliz y la espada*. Santiago de Chile: Editorial Cuatro Vientos.
3. Sanz, Fina (2015, 10.ª ed.; 1990, 1.ª ed.). Barcelona: Editorial Kairós.
4. Cuando hablo del cuerpo me refiero siempre al cuerpo como totalidad física, sexuada, emocional, mental, espiritual, emocional, social.
5. Sanz, Fina (2015, 13.ª ed.; 1995, 1.ª ed.). Barcelona: Editorial Kairós.
6. Sanz, Fina (2015, 3.ª ed.; 2002, 1.ª ed.). Barcelona: Editorial Kairós.
7. Sanz, Fina (2008). Barcelona: Editorial Kairós.
8. Sanz, Fina (2012). Barcelona: Editorial Kairós.
9. Sanz, Fina (2015). Barcelona: Editorial Kairós.
10. Ruiz-Jarabo Quemada, Consue, y Blanco Prieto, Pilar (directoras) (2005, 1.ª ed.; 2004). Madrid: Editorial Díaz de Santos.
11. «*Proyectos de amor*», en *Mente Sana* (2014), n.º 101, págs. 52-55; «*Construir vínculos de buen trato*», en *Mente Sana* (2014), n.º 103, Dossier. Madrid: RBA.
12. En Proyectos de amor, hablaré de la diferencia entre el amor universal y personal.
13. Disco: *Está en nuestras manos. Ta nes nueses manes*, págs. 10 y ss.
14. Doval, Gregorio (2013). *Refranero temático español*. Madrid: Albor Libros. Palabras mayores, págs. II y III.
15. *Ibíd.*, pág. II.
16. *Ibíd.*, págs. 296-297.

17. Los movimientos de mujeres han permitido visibilizar esto.
18. Graciela Atencio (ed.) (2015). *Feminicidio*. Madrid: Fundación Internacional Baltasar Garzón y Los libros de la catarata, pág. 18.
19. Lagarde y de los Ríos, Marcela (2008). En: «Antropología, Feminismo y Política: Violencia feminicida y Derechos Humanos de las mujeres». *Antropología Social*. Universidad del País Vasco. Editorial Ankulegui, págs. 215-216.
20. Hombres que viven de la explotación sexual de las mujeres.
21. Canción: *María Manuela ¿me escuchas?*, de Rafael de León.
22. Catedrática de Sociología de la Universidad Complutense de Madrid.
23. Alberdi, Inés (2005). *«Cómo reconocer y cómo erradicar la violencia contra las mujeres»*. En: *Violencia: Tolerancia cero. Programa de prevención de la Obra Social "La Caixa"*. Fundación La Caixa. Barcelona, págs.17-18.
24. Sanz, Fina. Prólogo (págs. 14-15) del libro de Salcedo, Amparo, y Serra, Emilia (2013). *Amores dependientes*. Valencia: Editorial Tirant Lo Blanch. Humanidades.
25. Sanz, Fina (2012). *Diálogos de mujeres sabias*. Barcelona: Editorial Kairós.
26. Sanz, Fina (2015). *Hombres con corazón*. Barcelona: Editorial Kairós.
27. Jefa de Servicio de Salud Mental del área 9, que comprendía 9 pueblos del cinturón industrial de la Comunidad Valenciana.
28. Sanz, Fina, y Huertas Zaco, María (1991). *El autoconocimiento psicosexual como autoayuda frente a la medicalización: grupos de mujeres en los centros de salud mental*. En: IV Congreso Estatal de Sexología: Ayer, Hoy, Mañana... (pág. 250). Valencia: Edita Generalitat Valenciana. Conselleria de Sanitat i Consum.
29. *Ibíd.*, pág. 251.
30. Goleman, Daniel. *«Emociones que afligen y emociones que nutren: el impacto sobre la salud»*, del libro *La salud emocional*, de Daniel Goleman (1997). Barcelona: Editorial Kairós. pág. 42 y ss.
31. Thich Nhat Hanh (2002). *La ira*. Barcelona: Editorial Oniro, pág. 31.
32. *Ibíd.*, pág. 31.
33. Antropólogo, profesor e investigador de la Universidad Autónoma del Estado de Morelos (UAEM).

34. Vendrell Ferré, Joan (2013). *La violencia del género*. Cuernavaca. México: Editorial Universidad Autónoma del Estado de Morelos y Juan Pablo Editor, S.A., pág. 12.
35. *Ibíd.*, pág. 176.
36. *Ibíd.*, pág. 177.
37. *Ibíd.*, pág. 178.
38. De esto hablé en mi libro *Hombres con corazón* (2015). Barcelona: Editorial Kairós, págs. 213-215.
39. *Ibíd.*, pág. 213.
40. Término despreciativo para personas latinoamericanas.
41. Pobre.
42. Lleva gafas, no ve bien.
43. Véase Fina Sanz. *Hombres con corazón*.
44. *Diccionario de uso del español*, de María Moliner.
45. *Los vínculos amorosos. Op. cit.*, cap. 11: «Amor y creatividad».
46. *Ibíd.*, págs. 302-307.
47. *Ibíd.*, págs. 307-311.
48. *Ibíd.*, págs. 327-328.
49. En la última parte del libro *Psicoerotismo femenino y masculino*, introduzco la escucha y el desarrollo corporal.
50. Hablaré más de ello en el apartado siguiente, en las relaciones y las relaciones de pareja.
51. Thich Nhat Hanh. *La ira*. Editorial Oniro, págs. 34-35.
52. *Ibíd.*, pág. 32.
53. *Ibíd.*, pág. 37.
54. *Ibíd.*, pág. 39.
55. Sobre ello recogí los diálogos sobre mujeres y hombres que entran en la segunda mitad de la vida y comentan qué están experimentando en estos momentos. Véase los libros: *Diálogos de mujeres sabias* y *Hombres con corazón*. Barcelona: Editorial Kairós (en Bibliografía).
56. Se celebra el 1, 2 de noviembre, para festejar el reencuentro con los que murieron, con altares en las casas y calles, flores, comida, música en los cementerios y en las casas.
57. Me extenderé más en ello en un próximo libro en el que abordaré específicamente las relaciones de pareja.

58. Cuando hablo de mujeres y hombres no me refiero solo a las relaciones heterosexuales. Eso mismo se puede dar en relaciones homosexuales, lésbicas, o en relaciones de amistad, cuando nos colocamos en relaciones dicotómicas de género.

59. En última instancia, hablo del placer de la «fusión» y de la «separación», que existe en los vínculos y que ya avancé en mi libro *Los vínculos amorosos*.

60. Thich Nhat Hanh (1999). *Sintiendo la paz*. Editorial Oniro, pág. 79 y ss.

61. Lorente Acosta, Miguel (2001). *Mi marido me pega lo normal*. Barcelona: Editorial Ares y Mares.

62. El 6 de enero se celebra en el mundo católico la Fiesta de Reyes y se reciben regalos.

63. Véanse los conceptos de «fusión» y «separación» en *Los vínculos amorosos*. *Op. cit.*, cap. 3.

64. Nanda, Serena. *Antropología cultural. Adaptaciones socioculturales*. México: Grupo Editorial Iberoamérica, 1987, pág. 14.

65. Lo resaltado en todo el texto es mío.

66. Lo resaltado es mío.

67. Nanda, Serena (1987). *Antropología Cultural. Adaptaciones socioculturales*. México: Grupo Editorial Iberoamérica, 1987, pág. 343.

68. Phillip Kottak, Conrad (2007). Madrid: Editorial McGraw Hill, 5.ª ed.

69. He hablado de esto en varias conferencias: *«Del maltrato al buentrato. Proyectos de amor para construir relaciones de paz»*, en la 1.ª Jornada por el Derecho al Buentrato. Comisión de Derechos Humanos del D.F. México, 2014; *«El buentrato como proyecto de vida»*, en la Facultad de Psicología de la Universidad Nacional Autónoma de México (UNAM), 2015; y en la revista *Mente Sana*: *«Proyectos de amor»*. RBA. Barcelona y Madrid, n.º 101.

70. Sanz, Fina, prólogo del libro de Amparo Salcedo y Emilia Serra (2013): *Amores dependientes*. Valencia: Editorial Tirant Lo Blanch. Humanidades.

71. El tiempo propuesto varía, pueden ser 3 meses, un año... Cada cual hace su propio compromiso. No conviene que sea demasiado largo, ni demasiado corto.

72. http://verne.elpais.com/verne/2016/02/25/articulo/1456424074_266966.html

73. http://www.isesinstituto.com/noticia/una-guarderia-dentro-de-una-residencia-de-ancianos

74. Lo que en México se llaman «meriendas», en España se dirían «cenas».

75. Organizado por la Secretaría de la Mujer de la F.A.D.F.P., y auspiciado por la Dirección General de la Mujer de la comunidad de Madrid. De ahí salió el libro *La Salud de las Mujeres en Atención Primaria*, cuyo origen «*tuvo lugar como resultado de la reflexión e intercambio de opiniones entre mujeres profesionales, conscientes de su situación y contradicciones en tanto mujeres en un sistema socioprofesional determinado, necesitadas de encarar su propio quehacer teórico-práctico respecto a otras usuarias del mismo, muchas de cuyas realidades eran similares a las propias y precisaban de respuestas más acordes con demandas muchas veces conocidas, más que por el saber académico, por la experiencia vivida de las mismas a causa del denominador común de género*» (Carmen Sáez, «Buenaventura en La Salud de las Mujeres en Atención Primaria», pág. 16).

76. Las ponencias se publicaron posteriormente en el libro *La mujer en Atención Primaria*.

77. La primera vez que entré en contacto con ese concepto fue en Latinoamérica, concretamente en Santo Domingo (República Dominicana), donde la mayor parte de participantes de grupos eran «multiplicadoras/es sociales».

78. Se las tituló en mayo del año 2007.

79. Máster de «Autoconocimiento, Sexualidad y Relaciones Humanas en Terapia de Reencuentro».

80. El 2 de mayo del año 2007.

81. Entidad sin ánimo de lucro, creada en el año 2000, para el desarrollo humano.

82. 2007: *Premio a la mejor iniciativa en accesibilidad*, dentro del plan de confortabilidad del SESPA; 2009: *Premio de calidad e igualdad en el sistema nacional de salud*, por el proyecto *Fomento de la salud de las mujeres a través de dinámicas grupales* –que incluyen a la gerencia del SESPA y al Centro de Salud–, otorgado por el Ministerio de Sani-

dad, Servicios Sociales e Igualdad; 2010: Premio Atalía, otorgado por la Asociación de Vecinos del Natahoyo; 2011: *Premio solidaridad*, otorgado por la Federación de Asociaciones de Vecinos de Gijón; 2015: *VIII Premio a los valores humanos*, por «su entrega ejemplar y dedicación al proyecto de Terapia de Reencuentro», otorgado por ASFEAR.

83. Sanz, Fina, prólogo del libro *Palabras que alumbran*, de Concepción Núñez. Editado por la Fundación Terapia de Reencuentro.
84. La Fundación Terapia de Reencuentro es una entidad sin ánimo de lucro, creada con la filosofía de la Terapia de Reencuentro, en el año 2000, para el desarrollo humano, la creación de vínculos de convivencia para el buen trato y la cooperación entre las personas y entre los pueblos. Se trabaja desde el voluntariado.
85. Mujeres con una baja escolaridad y con una amplia experiencia.
86. Que quiere decir: «Yo protejo a los niños».
87. Como se verá, por entonces, yo aún no escribía «buentrato» como producto del buen trato entre las personas.
88. *Op. cit.*
89. Se citó esto en el proyecto que se ha presentado anteriormente.
90. Sanz, Fina (2008). *La Fotobiografía*. Barcelona: Editorial Kairós.
91. Introducción al volumen II de los cuentos publicados.
92. Keen, Sam (1994). *El lenguaje de las emociones*. Barcelona: Ediciones Paidós Ibérica, S.A., págs. 24-25.
93. *Ibíd.*, págs. 25-26.

Bibliografía

Alberdi, Inés. «Cómo reconocer y cómo erradicar la violencia contra las mujeres». En: *Violencia: Tolerancia cero. Programa de prevención de la Obra Social "La Caixa"* (2005). Barcelona: Fundación La Caixa (págs. 17-18).

Altable Vicario, Charo (2010). *Los senderos de Ariadna*. Granada: Ediciones Mágina. Octaedro Andalucía.

Amorós, Celia (2002). *Pensar filosóficamente desde el feminismo*. Debats, 76, págs. 66-80.

Atencio, Graciela (ed.) (2015). *Feminicidio*. Madrid: Fundación Internacional Baltasar Garzón y Los libros de la catarata.

Cantera, Leonor (coord.) (2005). *La violència a casa*. Sabadell (Barcelona): Fundació Caixa Sabadell.

Doval, Gregorio (2013). *Refranero temático español*. Madrid: Albor Libros. Palabras mayores.

Eisler, Riane (2008). *El cáliz y la espada*. Santiago de Chile: Editorial Cuatro Vientos.

Feminario de Alicante (1987). *Elementos para una educación no sexista*. Valencia: Editorial Víctor Orenga.

Freire, Heike (2013). ¿Hiperactividad y déficit de de atención? Barcelona: RBA Integral.

— (2014, 3.ª reimpresión; 2011, 1.ª ed.). *Educar en verde*. Barcelona: Editorial Graó, col. Familia y Educación.

Gagnon, M. (2001). *Las mujeres dan la vida, los hombres la quitan*. Barcelona: Editorial Ares y Mares.

Goleman, Daniel (1997). *La salud emocional*. Barcelona: Editorial Kairós.

Keen, Sam (1994). *El lenguaje de las emociones*. Barcelona y Buenos Aires: Editorial Paidós Ibérica, S.A.

Lagarde y de los Ríos, Marcela (2008). «Antropología, Feminismo y Política. Violencia feminicida y Derechos Humanos de las mujeres». En: *Retos teóricos y nuevas prácticas*, de Bullen, Margaret y Diez Mintegui, Carmen (coordinadoras), págs. 209-239. Editorial Ankulegui.

Lorente Acosta, Miguel (2001). *Mi marido me pega lo normal*. Barcelona: Editorial Ares y Mares.

Marshall B. Rosenberg, Ph.D. (2012, 6.ª reimp.). *Comunicación no violenta*. Buenos Aires: Gran Aldea Editores.

Nanda, Serena (1987). *Antropología cultural. Adaptaciones socioculturales*. México: Grupo Editorial Iberoamérica.

Nhat Hanh, Thich (1998). *Enseñanzas sobre el amor*. Barcelona: Editorial Oniro.

— (1999). *Sintiendo la paz*. Barcelona: Editorial Oniro.

— (2002). *La ira*. Barcelona: Editorial Oniro.

Pérez Viejo, Jesús M., y Escobar Cirujano, Ana (coord.) (2011). *Perspectivas de la violencia de género*. Madrid: Editorial Grupo 5.

Phillip Kottak, Conrad (2007, 5.ª ed.). *Introducción a la Antropología cultural*. Madrid: Editorial McGrawHill/Interamericana de España, S.A.U.

Rivera Garretas, María-Milagros (2003, 3.ª ed.; 1994, 1.ª ed.). *Nombrar el mundo en femenino*. Barcelona: Icaria Editorial.

Ruiz-Jarabo Quemada, Consue, y Blanco Prieto, Pilar (directoras) (2005). *La violencia contra las mujeres*. Madrid: Editorial Díaz de Santos.

Salcedo, Amparo, y Serra, Emilia (2013). *Amores dependientes*. Valencia: Editorial Tirant Lo Blanch. Humanidades (prólogo de Fina Sanz).

Sanz, Fina. *Psicoerotismo femenino y masculino* (2016, 13.ª ed.)

— (2019, 16.ª ed.). *Los vínculos amorosos*. Barcelona: Editorial Kairós.

— (2013, 3.ª ed.). *Los laberintos de la vida cotidiana*. Barcelona: Editorial Kairós.

— (2015, 2.ª ed.). *La Fotobiografía*. Barcelona: Editorial Kairós.

— (2015, 4.ª ed.). *Diálogos de mujeres sabias*. Barcelona: Editorial Kairós.

— (2015). *Hombres con corazón*. Barcelona: Editorial Kairós.

—, y Huertas Zaco, María (1991). *El autoconocimiento psicosexual como autoayuda frente a la medicalización: grupos de mujeres en los centros de salud mental.* En IV Congreso Estatal de Sexología: Ayer, Hoy, Mañana... Valencia: Edita Generalitat Valenciana. Conselleria de Sanitat y Consum.

Servan-Schreiber, David (2010, 13.ª ed.; 2004, 1.ª ed.). *Curación emocional.* Barcelona: Editorial Kairós.

AA.VV. (1991). *La Salud de las Mujeres en Atención Primaria.* Madrid: Edita Federación de Asociaciones para la Defensa de la Sanidad Pública.

Direcciones

Fina Sanz:
finasanz@terapiareencuentro.org

Instituto Terapia de Reencuentro:
www.institutoterapiareencuentro.org

Fundación Terapia de Reencuentro:
www.fundacionreencuentro.com
fundacionterapiareencuentro@gmail.com